"十四五"普通高等教育本科部委级规划教材

U0661718

大学生职业生涯规划

金　新◎主　编
谷　丽　李双祚　朱　帅◎副主编

中国纺织出版社有限公司

内 容 提 要

本书旨在帮助大学生更好地规划职业生涯，为未来求职就业奠基。本书不仅阐述了职业生涯规划的基本概念、原则和方法，引导大学生进行自我探索，深入了解自身性格、兴趣、能力及价值观，还介绍了专业认知与职业探索，帮助大学生明确专业与职业的选择，分析了大学生职业规划的制定、实施、评价与调整过程，探讨了生涯决策理论、决策风格与方法、生涯角色的平衡管理，并通过实例展示了生涯教育的实践，提供了提升职业能力的建议。

本书适合普通高等学校的学生学习使用，也可供从事就业指导的教师阅读参考。

图书在版编目（CIP）数据

大学生职业生涯规划/金新主编；谷丽，李双祚，朱帅副主编. --北京：中国纺织出版社有限公司，2025. 2. --（"十四五"普通高等教育本科部委级规划教材）. -- ISBN 978-7-5229-2494-6

Ⅰ . G647.38

中国国家版本馆CIP数据核字第20252ZF917号

责任编辑：陈怡晓　　责任校对：李泽巾　　责任印制：王艳丽

中国纺织出版社有限公司出版发行
地址：北京市朝阳区百子湾东里 A407 号楼　邮政编码：100124
销售电话：010—67004422　传真：010—87155801
http://www.c-textilep.com
中国纺织出版社天猫旗舰店
官方微博 http://weibo.com/2119887771
三河市宏盛印务有限公司印刷　各地新华书店经销
2025 年 2 月第 1 版第 1 次印刷
开本：787×1092　1/16　印张：12.25
字数：209 千字　定价：49.80 元

前 言

在人生的浩瀚海洋中，大学时代无疑是一段充满无限可能与挑战的航程。每一位踏入这片知识殿堂的青年学子，都怀揣着对未来的憧憬与梦想，渴望在这片广阔的天地展翅翱翔。然而，梦想与现实之间的距离，往往需要通过明确的规划和不懈的努力来缩短。正是基于这样的背景，我们精心编写了这本《大学生职业生涯规划》，旨在为广大学子提供一盏指引方向的明灯，帮助他们更好地规划职业生涯，为未来的成功奠定坚实的基础。

大学是学习专业知识、提升个人素养的场所，大学时期也是探索自我、明确人生方向的关键时期。在这个阶段，学生需要逐渐从依赖走向独立，从迷茫走向清晰，学会根据自己的兴趣、能力和价值观做出选择，为未来的职业生涯铺路。然而，面对纷繁复杂的职业世界和日益激烈的就业竞争，许多学生往往感到无所适从，甚至陷入焦虑与迷茫。因此，一本能够引导他们正确认识自我、了解职业世界、制定合理规划的书籍显得尤为重要。

本书由金新担任主编，谷丽、李双祚、朱帅担任副主编，鲁婧、崔扬、王雪蕴玉、刘娜参与了部分编写工作。本书从大学生的实际需求出发，系统介绍了职业生涯规划的基本概念、原则和方法。首先，引导读者进行自我探索，通过一系列科学的测评工具和自我反思练习，帮助他们深入了解自己的性格特质、兴趣所在、优势与劣势以及价值观等核心要素。这既是职业生涯规划的起点，也是最为关键的一步。因为只有真正认识自己，才能找到最适合自己的职业道路。其次，介绍了大学生职业规划的制定与调整、大学生生涯决策、大学生生涯角色平衡、大学生生涯教育的实践和职业续航等内容。

职业生涯规划并非一蹴而就的事情，而是一个需要不断修正和完善的过程。希望每一位读者都能将这本书视为自己职业生涯道路上的良师益友，勇敢地迈出规划的第一步，并在实践中不断学习和成长。

金 新

2024 年 9 月

目 录

第一章　大学生职业规划导论

在我们的人生中，选择和努力，哪个更重要？相信同学们心中会有自己的思考。这里，先给大家一个结论：选择和努力是人生阶段里的循环，选择是为了实现最适合的努力，而努力是为了有足够多的选择。试想下：高考、学习、生活是不是均需要努力，而高考志愿填报、就业规划、职业转换、创业等是不是又都在选择？努力和选择，两者交织，循环往复。所以，可以说所有的人生难题，其本质上都是努力和选择的问题。那么，我们又应如何更好地去努力和选择呢？金树人认为，生涯之学，即应变之学。职业生涯规划里有你需要的答案。职业生涯规划是一种帮助个体在组织里通过具体可行的方法找到努力和选择方向的攻略手册，是一套有计划地自我实现的方法论，可以帮助个体实现个人和组织的共赢。本章将对职业生涯规划的知识和实践进行详细讲解。通过了解职业生涯如何规划，你可以让自己更有能力在努力和选择中赢得职业机会。

大学生职业规划导论

第一节　职业生涯

一、职业生涯的解读

西方学者总体认为职业生涯是人生从青春期到退休以后，一连串有酬或无酬职位的综合。其中最著名的是舒伯于 1953 年发表的生涯发展理论，该理论正式提出职业生涯的概念。在舒伯看来，生涯发展是一个持续渐进的过程，所有人一出生就身处生涯中，从童年开始，贯穿于人的一生。生涯发展的过程在每个阶段都有其独特的职责、

1

角色、任务，且前一阶段的完成情况会对下一阶段的发展产生一定程度的影响。金树人教授认为，人一生中在不同发展阶段扮演的不同角色与职位，以及受其影响的工作和生活，会形成个人独特的生活方式，这个过程可称为生涯。

基于以上观点，可以总结出关于生涯的三个关键词，即阶段、角色和事件。只有明确自己在某个发展阶段中自身的主要角色，明确要完成的重要任务，才能合理应对生活中的每一个事件。例如，一个人在大学阶段的主要角色是学生，那么此阶段的重要任务就是术业有专攻，学有所成，学以致用。

根据生命周期理论，人的一生可以分为婴儿期、儿童期、青春期、成年期以及老年期。大学生正值青春期的晚期以及成年期的早期，需要通过学校学习、活动以及实践工作进行自我考察、角色定位，并进行职业探索，完成择业及初步就业，为下一个发展期打好基础，做好准备。如何扮演好每一个生涯角色以及如何调解某些角色之间的冲突，是适应大学生活的重要课题。在人生的不同阶段，各种角色的重要性与侧重点是不一样的，每个人都可根据自身实际情况进行排序。然而，全日制大学生的第一角色是学生，某些角色如休闲者、子女、公民等不应该排在学生角色的前面。大学生若想尽快适应大学生活，就要清楚大学阶段各个角色需要完成的任务，明确这些任务或事件对自身的重要程度，做好时间任务管理，充分利用大学时光，学习本领，锻炼能力，积累资本。

二、职业生涯的解读

职业生涯的概念始于 20 世纪 60 年代，在 20 世纪 90 年代从欧美传入中国。职业生涯的概念随着时间的推移曾发生过很多变化，很多新的意义被纳入其中。早期的概念是由沙特列提出的，他认为，职业生涯是一个人在工作、生活中经历的职业或职位的总称。

职业生涯是每个人生活的重要组成部分，它涵盖了个人从选择职业开始，到在该职业领域内发展、成长，直至退休或转型的整个历程。这是一个复杂而多变的过程，涉及个人的兴趣、能力、价值观、外部环境等多个因素。在职业生涯中，个人需要不断进行自我探索、目标设定、计划制定与调整，以及持续地学习与成长，以实现个人价值和社会价值的双重提升。

职业生涯是指个体一生中的职业历程，包括职业选择、职业发展、职业成就等多个阶段。它不仅指一份工作或职业，更是一个动态的、不断发展的过程。职业生涯具有以下几个特征。

1. 连续性

职业生涯是一个连续的过程，从个人选择职业开始，到在该职业领域不断发展，直至退休或转型。这个过程是连续的，每个阶段也是相互关联、相互影响的。

2. 阶段性

虽然职业生涯是连续的，但也可以将其划分为不同的阶段。每个阶段都有其特定的任务和目标，如职业探索阶段、职业确立阶段、职业维持阶段和职业衰退阶段等。这些阶段并不是孤立的，而是相互交织、相互影响的。

3. 多样性

职业生涯具有多样性。每个人的职业生涯都是独一无二的，受到个人兴趣、能力、价值观、外部环境等多种因素的影响。因此，不同的人会选择不同的职业道路，并在职业发展中展现出不同的特点和成就。

4. 可塑性

职业生涯不是固定不变的，而是具有一定的可塑性。个人可以通过自我探索、学习提升、职业规划等方式，不断调整自己的职业道路，实现职业发展和个人成长。

第二节　职业生涯规划

当前我国愈发重视教育工作，大学生数量呈现逐年增长形势，因而大学生就业面临严峻考验。大学生职业规划主要解决大学生就业困难问题，改善大学生就业现状。

一、职业生涯规划的界定

职业生涯规划主要指将个人和社会融合，对个人职业生涯进行分析和总结，将个人兴趣、能力和特点与企业要求进行匹配，结合时代发展的特点，确定职业发展方向。大学生职业生涯规划旨在帮助大学生确定人生发展方向，使其重新认识自身价值，准确确定职业方向，增强自身核心竞争力。

二、职业生涯规划的意义

求职人员要想在激烈的岗位竞争中占据优势和掌握主动权，需要拥有足够的就业能力。一般来讲，就业能力包括专业学科能力、求职能力、岗位适应能力以及发展能力，不少求职者在专业学科能力方面达到了一定水平，但是在其他方面存在不足，因而在求职竞争中难以占据优势。就业技能培养针对求职人员的实际情况，从多方面通过合理有效的方式对其进行培训，增强其就业竞争力。

（一）职业生涯规划对学生学习的意义

1.能够帮助学生明确学习目标

职业生涯规划与指导是教师引导学生根据自己的兴趣爱好及特长和学生本人对于就业的偏好来筛选出适合该学生就业的工作岗位。学生以此工作岗位为目标，在学校的学习中努力提高自身科学文化素质及与工作相关的专业素质。经进一步分析总结，充分考虑学生的优势和劣势，选择出最适合学生的就业岗位。

许多高校学生对自己的专业并不了解，只是根据学校的培养计划进行学习，对自己将来的求职之路也没有清晰的认识，缺乏明确的目标。这样学生不仅没有明确的学习方向，也不会有充足的学习动力，导致学习效率低下。

因此，需要各高校积极开展学生职业生涯发展规划与指导，让学生清楚地认识到自己所学专业的发展前景，并让学生对未来的理想职业做一个定位。组织学生对相关从业人员进行采访，更多地了解相关职业的知识，并尽可能地走入企业进行社会实践或实习。这样学生在实习的过程中体验到了自己的理想职业的就业方式，可积累经验，日后能够更加熟练地参加工作；同时也可以看到自己所学的专业知识是如何运用到工作实际中的。这为学生进一步学习指明了方向，能够让学生明确努力的方向，有了前进的目标，日后也能更好地融入相关的工作岗位。

2.能够提高高校学生的就业能力

对于高校学生来说，就业能力是最主要的能力之一，学校应当最大限度地增强学生的就业能力，使学生清楚地认识到自己将来的就业岗位需要的核心竞争力。当然，仅依靠学生自己增强就业能力无疑是非常困难的，这就需要高校大力推进实施学生职业规划与指导，提高学生选择就业岗位的能力，让学生对各种就业岗位有更加深入的了解，知道各个就业岗位分别能提供哪些职业价值因子，根据自己对职业价值因子的要求来合理选择适合自己的职业，从而激发学生的学习热情，让学生愿意更加深入地学习相关的科学文化知识，进一步提升自己，让自己能够熟练且完美地胜任这一工作岗位。学生只有充分了解自己理想的就业岗位，才能清楚地知道自己应当具备什么样的素质和能力，能够有针对性地提高自己的就业能力。

3.能够最大限度地让学生学以致用

当前，仅有少数学生在就业时所从事的工作岗位和自己所学专业有较大关联，大多数人的就业岗位与自己所学的专业知识关联不大，容易造成专业资源的浪费。首先是学生在校学习阶段，消耗各种相关的资源并花费大量的时间进行学习，最终却不能实现学以致用；其次是学生参加与专业无关的工作岗位，需要重新学习，这些可能对社会经济发展速度造成影响。当然，这些因素是必然存在的，我们能做的是降低这些因素带来的影响。高校为学生做好职业生涯规划与指导，能够让学生清楚地认识到适合自己的就业岗位，在学校学习期间可以以此为目标调整学习方向，让自己更加符合相关岗位的工作要求。这样就能让更多的学生实现学以致用，这也是高校进行职业规划和指导最重要的现实意义。

（二）职业规划对社会发展的意义

1. 职业规划有助于满足社会发展的需要

个人的职业理想必须与现实社会相联系。社会在不断变化，职业竞争越来越激烈，人们的流动性也越来越频繁。一般来说，人们在规划自己的职业生涯时，往往会选择适应社会发展需要的职业。可见，职业规划对人和社会都有好处。

2. 职业规划有助于实现职业理想

一个人的成功取决于很多因素。大学生规划职业生涯时要考虑各种因素，使自身的职业理想更可行。通过这种方式，一方面，可以将职业理想融入日常生活、学习和工作中，逐步实现各种规划，进而实现职业理想；另一方面，一旦职业生涯出现困难或挫折，学生可以更好地应对。可以说，职业规划不一定是职业成功的保证，但没有职业规划很难取得成功。

3. 职业规划有助于获得就业机会或创业的知识和技能

工作是一个人生命的重要阶段。有了计划，有必要提前为实现职业目标做好准备。寻找工作、创业是实现职业目标的重要一步，因此，无论职业规划如何，大学生都应该学习和掌握就业创业的知识和技能。

第三节 职业生涯规划的主要理论

职业生涯规划是一种关于人的个体发展的学问，它得以出现的基本条件是整个社会或文化成熟到具备"对人的尊重"这个前提。职业生涯规划涉及对人一生中职业发展的关注，充满了人文情怀。对于生涯与生涯概念的澄清并不足以对生涯规划产生深刻而清晰的认识。理论始于对事件的观察，对于我们如何理解事件、如何采取行动有很大帮助。所以，概览生涯规划的核心理论，能够加强我们对生涯规划本质的了解。

百年来，职业生涯规划理论经历了许多变化，在为我们解决人生问题和职业困惑等方面提供了重要的方法论。接下来，让我们一起了解职业生涯规划的核心理论。

一、职业生涯之把握规律

《韦氏词典》将"周期"解释为"某些事件与现象持续进行的时期"，其核心是可以预测和重复的。"周期"是职业生涯的重要特质之一。《论语》有"吾十有五而志于学，三十而立，四十而不惑，五十而知天命，六十而耳顺，七十而从心所欲，不逾矩"。这正是对生涯阶段性规律把握的表达。研究者提出的职业生涯周期在某种程度上是可以预测的，但无法重复，或者至少不能在同一个人身上重复。

（一）舒伯的职业生涯发展理论

舒伯的生涯发展理论首次被提出是在 20 世纪 50 年代。当时，帕森斯的特质因素匹配理论是职业指导的主要理论，包括舒伯早期的职业指导实践，都是在"人—职匹配"的思路下进行的。但是借助对自我生涯发展过程的反思以及对生涯模式研究（career pattern study，一项有关生涯发展的长期纵向研究）结果的整理，舒伯认为人—职匹配理论固然有优势，但仍然存在以下两种不足：第一，人—职匹配理论更关注静态的、初次的职业选择，而忽略了长期的生涯发展问题；第二，人—职匹配理论强调职业与人的配对，基于人的特性寻找适合的工作，而没有考虑人的主观能动性。

为了弥补这两种不足，舒伯在承认个体差异的基础上，结合其对发展心理学、社会学、现象学、测量学等方面的钻研，提出独特的发展性视角，探讨如何让工作贴近人的生活，并经过长期的思考和研究，最终形成我们看到的生涯发展理论。

1. 理论的核心内容

（1）基本假设。舒伯的生涯发展理论主要包括一些基本的假设和论述。最早提出的假设仅有 10 条，但随着理论和研究的发展，逐渐扩展为 12 条，最终定为 14 条，其大致内容如下。

①能力、人格、需求、价值、兴趣和自我概念等维度普遍存在个体差异。

②基于个人特点，每一个人都适合从事某些特定的职业。

③每一种职业均要求一些特定的能力、兴趣和人格等，因此每个人都可以适合不同的职业，而每种职业也可以适合不同的人。

④人们的职业偏好、能力、生活与工作的情境以及由此形成的自我概念，都会随着时间的推移而改变。不过，自我概念会在青春期之后逐渐稳定和成熟，对生涯选择

和适应持续产生影响。

⑤上述改变历程可以归纳为一系列的生命阶段（称为大循环），包括成长、探索、建立、维持和衰退等五个阶段。每个阶段可以分为几个小时期，而每个阶段之间又会有转换期（称为小循环）。转换期通常受到各种不稳定因素的影响，从而经历一场小型的成长、探索、建立、维持和衰退循环。

⑥生涯类型的性质包括所从事职业的阶层水平，以及经过尝试期和稳定期后进入工作世界的经历、频率和持久性等。这些会受到家庭及个人的社会经济地位、心理能力、教育、人格特质（如需求、价值、兴趣、自我概念等）、生涯成熟与生涯机会的影响。

⑦在任何生涯阶段，能否成功地实现环境需求和个人需求的匹配取决于个人的生涯成熟度是否达标。生涯成熟度指的是由个人生理、心理和社会特质组成的整体状态，标志着个人成功应对不同生涯发展阶段的程度。

⑧生涯成熟度是一个假设性的概念，像智力一样，很难进行操作性定义，但可以确定的是，它不是单一维度的特质。

⑨生涯阶段中的发展是可以被引导的，一方面可以促进个人能力和兴趣的成熟，另一方面可以协助个体进行现实检验和发展自我概念。

⑩生涯发展历程基本上是职业自我概念的发展和实践的历程，而自我概念是遗传特性、体能状况、观察和扮演不同角色的机会、评估角色扮演、与他人学习互动等交互作用的产物。

⑪在个人和社会因素之间、自我概念和现实之间的融合或退让妥协是角色扮演和反馈学习的历程，主要的学习场景包括游戏、生涯咨询、兼职及正式工作。

⑫工作满意度和生活满意度取决于个人如何为自身的能力、需求、价值、兴趣、人格特质与自我概念寻找适当的出口。

⑬个人从工作中获得的满意度取决于个人实践自我概念的程度。

⑭对大多数人来说，工作和职业的经验提供了组成人格的核心点。但是对有些人来说，工作与职业在生命经验中处于边缘位置，甚至是微不足道的；反而是其他角色（如休闲活动和家庭照顾）居于核心位置。社会传统（如基于性别角色的刻板印象）、榜样学习、种族偏见、环境机会及个体差异等，决定了个人对工作者、学生、休闲者、家庭照顾者等不同角色的偏好。

需要说明的是，由于舒伯的生涯发展理论一直是碎片化的，由不同部分组成且未能形成一个整体，因此这 14 条论述与其说是解释性的理论预测，不如说是对职业心理学的共识性研究结果，彼此之间缺乏固定的、严密的逻辑。为了便于理解，我们将这14条基本假设划分到差异心理学、发展心理学、社会学和人格理论四个不同的研究领域，这也是舒伯的生涯发展理论的核心所在。

差异心理学的部分（14条论述中的前3条）与经典的人—职匹配理论差别不大。但是，舒伯的生涯发展理论并不是对人—职匹配理论的反驳或替代，而是一种补充或拓展，其开拓之处体现在三个方面：一是与发展心理学有关的生命广度与生涯成熟度；二是与社会学有关的生活空间与角色重要性；三是与人格理论相联系的自我概念与最新进展。

（2）生命广度与生涯成熟度。不同于传统的人—职匹配理论将主要关注点放在固定时间（主要是青年早期）的职业选择上，舒伯的一大创举是从时间维度拓展了生涯的概念，提出了生涯发展阶段这一概念，又称为大循环，代表个体横跨一生的生涯之路。

舒伯认为，大多数人的生涯发展由5个连续的阶段组成，每个阶段都有一个大概的年龄范围（并不绝对，具有一定的弹性，年龄标准仅供参考），并且每个阶段都有属于自己的特定任务。

①成长期（0～14岁，也称为儿童期）：在与家庭、学校和重要他人的互动中，逐渐发展自我概念，并建立对社会的初步印象和态度，开始了解工作的意义。该时期可进一步细化为好奇期（0～4岁，对外部世界好奇）、幻想期（5～10岁，需求支配一切）、兴趣期（11～12岁，兴趣决定行为）和能力期（13～14岁，考虑能力的重要性）。

②探索期（15～24岁，也称为青春期）：在学业学习、休闲活动及初步工作的不断尝试中，进行自我探索和外部探索，发展一个符合现实的自我概念，并初步确定职业选择。该时期可进一步细化为试探期（15～17岁，考虑自身的需要、兴趣、能力与机会，做出暂时的决定）、尝试期/过渡期（18～21岁，就业或接受专业训练，将一般性的职业选择转变成特定的选择）和稳定期/尝试期（22～24岁，初步确定职业选择，试探其成为长期职业的可能性，或者必要时重复前面的阶段）。

③建立期（25～44岁，也称为成年前期）：确定一个适宜的职业领域，并在该领域不断努力（如发展与业内人士的关系、精进专业知识与技巧、确保一个安全稳定的职位等），逐步晋升并建立起稳固的地位。该时期可进一步细化为巩固期（25～30岁，在已选定的职业中缓步前进，奠定基础）、精进期（31～44岁，处于创造力的巅峰，表现出众）。

④维持期（45 ~ 64 岁，也称为中年期）：接受自身条件的限制，逐步减少创新工作，通过专注于本职工作、发展新技巧等方式应对新进人员的挑战，全力稳固现有的成就与地位。这一时期没有细分阶段。

⑤衰退期（65 岁以后，也称为老年期）：由于身体机能逐渐衰退，表现为反应迟缓，因此从原有工作岗位退隐，开始减少工作时数、减轻工作负担，并发展新的角色，以各种不同的方式（如运动或做其他以前一直想做的事情）填补工作角色的缺失。该时期可进一步细化为减速期（65 ~ 70 岁，工作节奏放缓）、退休期（71 岁后，停止原有工作，将精力转移至其他角色）。

这 5 大阶段并不是完全分离的。一方面，在不同阶段之间会存在转换期，可以视之为不同阶段之间的过渡和缓冲。舒伯认为，在这些转换期内，个体都会重新经历一次生涯发展五个阶段（成长—探索—建立—维持—衰退），只不过时间较短，可称之为小循环。另一方面，这些阶段相互影响，前期生涯任务的完成程度会影响到后期阶段，但并不必然是线性关系。比如，个体如果没有充分探索，可能会选择不恰当的职业，从而影响其建立和维持工作成就，甚至后来可能又回到探索阶段。

如前所述，区分不同生涯发展阶段的并不是年龄，而是发展任务。在每一个生涯发展阶段，个体都要面对独属于该阶段的生涯发展任务，而这些任务源自个人和社会的发展程度以及社会对个体的期待，需要个人一一完成。但是每个人解决、应对这些生涯发展任务的状态不同，为了衡量这种状态的差别，舒伯提出了生涯成熟度的概念。

生涯成熟度指的是个体面对不同阶段生涯发展任务的准备程度，是发展性视角中最重要的概念，在某种程度上代表着个体生涯发展水平。舒伯认为，生涯成熟度是一个多维、混杂的概念，包括态度与认知两个层面。

态度层面主要是指生涯规划态度和生涯探索态度。前者着重于思考和计划未来，测量个体对生涯规划专注投入的程度；后者着重于处理当前资源，测量个体在探索和收集生涯信息方面的意愿。

认知层面主要是指生涯决策和工作市场信息。生涯决策是运用知识和相应技巧做出合理决定的能力；工作市场信息是个体收集充分的职业信息（如入职前的准备、入职后的要求等）的能力。

（3）生活空间与角色重要性。为了表达对社会情境的重视，舒伯的第二大创举就是在空间维度上丰富了生涯的内涵，强调个体在不同场所扮演的不同生活角色，这些角色的组合形成了个体的生活空间。

角色既包括他人和自己对角色的期望，也包括个人对角色的表演和塑造。舒伯认为，尽管工作角色是大多数人生涯发展的焦点，但并不是唯一重要的角色。不管个人是否愿意，除了工作角色，人在一生之中还要扮演子女、学生、休闲者、公民、爱人、父母等角色。这些角色的扮演和塑造，主要活跃于4个不同的场所，即家庭、社区、学校和工作场所。角色常常和场所有所对应（比如父母、子女等角色对应家庭场所，公民对应社区场所等），但这种对应并不是绝对的。

不同的角色并不是依次出现的，而通常是同时存在的，因此它们之间常常会产生相互促进或损害的效应。通常来说，某种角色的成功会带动其他角色的成功。比如一个人如果事业有成，那么他在恋爱婚姻中也可能获得优势。但如果一个人为了某一个角色的成功付出太多的时间和精力，也有可能导致其他角色的失败。比如沉迷于休闲者的角色中，导致工作出现问题；或者过分注重工作角色，导致爱人和父母等角色的失败。

受到过去的生活经验、自我概念、当前生活状态的影响，每个人在各个角色上投入的时间、精力、情绪等不尽相同。为了比较这种不同，舒伯提出角色重要性的概念来衡量个体对不同角色的投入程度，包括承诺度、参与度、价值期待和角色知识四项指标（舒伯，1986）。其中，前三项都可以通过"重要性量表"进行测量。舒伯认为，对于不同人或者同一个人的不同时期来说，不同角色的重要性会发生变化，重要的角色组合都不尽相同（比如，童年时期重要的角色是子女，青少年时期重要的角色是学生），而这种组合反映了个体当时的价值观。

（4）生涯模式与生涯彩虹图。舒伯认为生涯发展阶段（生命广度）和生活角色（生活空间）并不是相互独立的，两者交叉融合，组合形式各不相同，从而形成每个人独特的生涯。根据舒伯主持的长达20年的生涯模式研究，其总结了11种常见的生涯模式。其中，男性有4种模式，分别是稳定生涯型（毕业后直接进入稳定生涯发展阶段）、传统生涯型（经过多次试验后，选择稳定的工作）、不稳定生涯型（在稳定与不稳定之间摇摆）和多重尝试型（不断尝试，不断作出重大改变，从未稳定）；女性则有7种模式，分别是稳定家庭主妇型（毕业后结婚进入家庭，没有工作）、传统生涯型（毕业后先开始工作，之后进入家庭，以主妇角色为重心）、稳定职业妇女型（毕业后直接进入稳定职业生涯发展阶段）、双轨生涯型（工作后结婚，事业与家庭并重）、间断生涯型（工作后结婚，但因家庭暂停工作，等孩子可以独立照顾自己后恢复工作）、不稳定生涯型（不断在家庭和工作之间切换）、多重尝试型（不断尝试，不断作出重大改变，从未稳定）。

尽管已经对生涯模式有所归纳，但是为了表现更复杂的生涯发展过程，舒伯极富创意地使用图形来显示生涯发展阶段和生活角色之间的融合，绘制了一个多重生涯角色共同发展的优美图形，这就是生涯彩虹图。最外围的是个人的年龄与对应的生涯发展阶段，而里层的每一道"彩虹"都反映了个体的某个重要角色在生涯发展过程中的出现、消失、转换等变动。比如，某人的学生生涯从 5 岁开始，延续到 25 岁左右，并在 30 ~ 35 岁、40 岁和 65 岁各有一个小高峰，表明了他一生中学习、工作经历的变化。

生涯彩虹图有两个优点：第一，直观地展示了生涯发展阶段和生活角色的概念，总结了舒伯的生涯发展理论的精髓；第二，形象而生动地体现了个体的生命广度和生活空间之间的交互影响，将个体复杂的生涯发展精炼为简洁而清晰的图形。因此，生涯彩虹图成为舒伯各项理论中流传最广的成果之一，其理论是常用的评估技术也就不令人奇怪了。

（5）自我概念与最新进展。舒伯认为，生涯发展阶段和生活角色只是表象，真正在引导生涯发展和角色选择的是其理论的核心要素：自我概念。"生涯发展的过程本质上是一个发展和实现自我概念的过程"。因此，自我概念是贯穿于生涯广度和生活空间的核心变量。

正是看到了"自我概念"在生涯发展理论中的重要性，舒伯的接班人马克·L. 萨维科斯延续舒伯后期关于自我概念的建构取向，从适应力的角度提出"生涯建构理论"，成为舒伯生涯发展理论的最新进展。

2. 相关评估技术与测量工具

在舒伯早年的学习经历中，心理测量学是非常重要的内容，因此他对心理测验十分看重。结合相关理论，舒伯及其他研究者开发了不少测验量表，其中最具影响力的有两个，分别是工作价值观量表（work values inventory，WVI）和生涯发展量表（career development inventory，CDI）。

工作价值观量表包含三个维度共 15 个因素，用来帮助人们了解自己工作的各项特征并进行重要性评估排序。三个维度如下所述。

（1）内在价值维度，指与职业本身性质（即工作特征）有关的因素，包含 7 个因素，分别是智力激发（不断进行智力的挑战、思考、学习及探索新事物）、利他主义（帮助他人，为大众的幸福和利益尽一份力）、创造发明（发明新事物、设计新产品或创造新思想）、独立自主（按自己的方式、步调或想法去做，不受他人的干扰）、美感（不断地追求美的东西，创造美的东西，享受美感）、成就感（不断取得成就，不断得到领导与同事的赞扬，或不断做成自己想要做的事）以及管理权力（获得对他人或某事物的管理支配权，能指挥和调动一定范围内的人或事物）。

（2）外在价值维度，指与工作无关的外部环境，包含4个因素，即工作环境（温度适宜、不吵闹、不脏乱）、同事关系（工作中的社交生活和谐融洽）、上司关系（和老板、上级相处融洽）、多样变化（在同一份工作中有机会尝试不同种类的职位）。

（3）外在报酬维度，指在工作中能获得的东西，包含4个因素，即社会地位（在别人眼里有地位、受尊敬）、安全感（在工作中有一个安稳的位置，不会因各种事由而经常担心自己受到负面影响）、经济报酬（获得优厚的报酬，自己有足够的财力获得想要的东西）、生活方式（可以按照自己选择的生活方式生活并成为自己想成为的人）。

生涯发展量表主要用于评估青少年的生涯成熟度，帮助其做出恰当的教育和职业规划。如前所述，该量表基于生涯成熟度概念，共分为四个维度，即态度层面的生涯规划态度和生涯探索态度，以及认知层面的生涯决策和职业世界信息。此外，生涯发展量表还额外增加了一个问卷部分，用于评估个体对偏好职业（首选职业）的认识。但是该问卷的信度和效度较为一般，尤其在跨文化的效度方面，被不少本土研究者质疑。

3. 理论的应用价值

舒伯的生涯发展理论是生涯领域的基础理论之一。舒伯对生涯概念的理解突破了原本职业心理学在长度、广度上的限制，为本领域开启了一个崭新的局面，具有举足轻重、不可替代的地位。在实际的应用中，该理论在生涯研究、生涯教育及生涯咨询中，仍然发挥着重要的作用。

（1）生涯研究方面，仍然有不少研究采用工作价值观量表和生涯发展量表，探讨价值观、职业知识、生涯成熟度等概念在个体生涯发展中产生的影响。尤其是生涯成熟度概念，在青少年生涯发展的相关研究中，仍然是一个比较常见的指标。

（2）生涯教育方面，大学、高中、初中各年级的生涯教育课程与教材基本上遵循舒伯对探索期和成长期的生涯任务的描述，并针对性地提供兴趣、能力、价值观等内部因素探讨机会和外部职业信息，以帮助学生做出适合自己的决定。

（3）生涯咨询方面，借助生涯彩虹图中的生涯发展阶段和生活角色的分配，该理论可以帮助来访者具体而清晰地分析个人特有的生涯模式，并帮助来访者解决当前及未来生涯发展过程中由于多重角色冲突或角色转换而带来的问题。比如，对于面临毕业求职、工作—家庭平衡、退休安排等问题的来访者，生涯发展理论可以帮助他们规划好角色的分配。

（二）生涯建构理论

现代社会的不确定性为生涯建构理论的产生提供了现实基础。最初，西方传统职业理论主要强调组织对生涯管理的主导作用，而职业配型是组织在生涯管理时代的最佳策略。配型理论的前提假设是职业类别的划分是清晰、确定不变的，因此个体可以根据职业兴趣和个性特征选择适合自己的工作。随着经济全球化和社会多元化的发展，组织为了应对市场环境的变化需要更加灵活、敏捷、迅速，采取精简层级结构、打破职能单位之间壁垒的策略，这种做法导致雇佣关系的脆弱、组织边界的模糊。个体的生涯发展不再是基于自身职业特征与工作的固定搭配，而是需要根据外部环境的变化不断调整自我生涯行为；与此同时，信息技术的发展也使个体可以摆脱对组织的依赖，于是产生了自主管理生涯发展的需要及可能性。

生涯建构理论吸纳了建构主义、后现代思想等哲学观点。生涯建构基于个体建构、社会建构和后现代的哲学视角。萨维科斯将社会建构主义作为一种元理论来重新定义职业发展理论的核心概念，基于认识论的建构主义角度，认为个体建构的是现实本身；基于情境主义世界观，将发展界定为对环境的适应，而不是内部结构的成熟，生涯不是主动发展而是被个体建构出来的；基于后现代思想，认为自我不是一开始就存在的，构建自我是一项人生设计，把自我看作一个故事，而不是一个由多种特质构成的实体。

生涯建构理论还吸收借鉴了其他生涯及心理学研究的理论框架。在萨维科斯的生涯建构理论形成与发展的过程中，奥西波夫为该理论提供了比较重要的分析框架。自舒伯等人提出生涯发展理论以来，奥西波夫对已有生涯指导理论进行综合分析，总结概括出四种主要的生涯指导理论，具体包括特质因素理论、社会学习理论、发展理论和工作适应理论。萨维科斯基于奥西波夫的分析框架，提出了包括四个层次的生涯综合模型，第一层是霍兰德职业兴趣理论（RIASEC，即 realistic, investigative, artistic, social, enterprising, conventional）人格结构，第二层是自我调节机制，第三层是生涯叙事形式，第四层是生涯选择的优化过程。此后，萨维科斯基于此模型逐步形成自己的生涯建构理论。另外，萨维科斯还借鉴了麦克亚当斯（McAdams）的一般人格结构（general framework of personality）理论，在一般人格结构理论的基础上，整合个人与环境匹配理论和生涯人生主题理论，将生涯建构理论归纳为三个主要方面，即个体的人格特质、发展任务及人生主题。并且，根据麦克亚当斯和奥尔森的理论区分的表演者、主导者和创作者类别，萨维科斯在区分特质、任务和主题的基础上，也区分了客观、主观和设计。

此外，生涯建构理论还吸收借鉴了易变和无边界职业生涯理论的相关理念。21世纪，无边界组织的出现和工作模式的改变，需要与之相符的生涯理论。易变和无边界职业生涯的提出表明职业生涯是个体化而非组织负责的。霍尔认为易变职业生涯是由自我导向的内在价值观形成的。在追求自我导向价值的过程中，个体需要运用认同和适应力这两种元能力建构跨工作领域的发展路径。这两种元能力可以使个体感受到改变的时机。亚瑟提出的无边界职业生涯也关注个体内在的心理变量，认为无边界职业生涯是由跨越不同组织的一系列工作职位组成的。个体在跨越不同组织时会出现生理和心理的变动，拥有更强适应能力（认同和适应力）的个体可以创造更多的工作机会。

因此，基于帕森斯的差异心理学和舒伯的发展心理学中的实证主义观点，以及建构主义强调的叙事心理学，萨维科斯针对工作者面临的自我困境，以及遭遇的职业重构、劳动场所转换和多元文化规则，提出个体可以通过工作和关系进行自我建构，通过与他人的联结使个体成为自己人生的建构者，即生涯建构理论。

1. 理论的核心内容

生涯建构理论阐述了个体如何通过自我建构和社会建构形成职业生涯的机制。该理论从情境视角界定生涯，认为个体的发展是由适应环境驱动的，而非自我促成的生涯成熟，从建构和情境的角度将生涯看作人际互动和意义解释的过程。生涯不会自动形成，而是个体在工作过程中通过自我概念的表达和目标的实现而不断建构出来的。简言之，生涯建构就是个体赋予职业行为和生涯体验一定的意义。生涯不是工作经历的简单累积，而是将这些工作经历编织成一个完整且有意义的故事。生涯是个体主观建构的，个体通过编织人生主题对过去的记忆（past memories）、当前的经历（present experiences）和未来的抱负（future aspirations）赋予意义，从而形成个体的工作人生。因此，指导、调节和维持职业行为的主观生涯是在创造意义的建构过程中产生的，而不是在发现既存事实的过程中产生的。

生涯建构理论提出了一个可以解释完整生命周期中职业行为的模型，为研究者和生涯咨询师提供了一套看待个体生涯主题的独特视角，为生涯咨询工作者帮助来访者作出职业选择、获得生涯成功、提升工作和生活满意度提供了方法与思路。

（1）16个命题。最初，在舒伯命题的基础上，萨维科斯总结了16个命题。

①外部社会及社会制度通过社会角色来建构个体内在的人生历程。个体的人生构

成包括核心角色和周边角色，这些角色由性别等社会因素形成。核心角色之间的平衡会使个体产生稳定感，若不平衡则使个体产生紧张感。

②对大多数人来说，无论是男性还是女性，职业是其人格结构系统的核心角色；但对一些人来说，职业属于周边角色，甚至可有可无，而其他生活角色（如学生、家长、家庭主妇、"闲暇者"和公民）可能是核心角色。个体对生活角色的偏好源于社会实践，社会实践又使个体形成不同的社会定位。

③个体生涯模式指的是个体取得的职业水平以及工作的次序、频率和持续时间。该模式取决于父母的社会经济地位和个体的受教育程度、能力、个性特征、自我概念以及生涯适应力。

④不同个体在能力、人格特征、自我概念等职业特征上存在差异。

⑤虽然每种职业都有不同的职业特征，但在一定程度上可以允许存在差异的个体从事同一种职业。

⑥不同个体有不同的职业人格特征和工作需求，因而他们可以从事不同类型的职业。

⑦职业成功与否取决于个体在工作角色中是否找到了能够充分展示其主要职业特征的渠道。

⑧人们从工作中获得的满足感与其职业自我概念的实现程度成正比。工作满意度取决于个体从事的职业类型、所处的工作环境以及形成的生活方式，个体在工作中扮演的角色可以使其拥有成长性和探索性体验。

⑨生涯建构的过程实际上是个体在工作角色中实现职业自我概念的过程。个体基于遗传、身体素质、观察学习和多种角色扮演形成自我概念，但对角色扮演结果达成度的评价要与同行和主管的评价标准一致。因此，个体和社会因素都会影响职业自我概念在工作角色中的实现。角色扮演通过幻想、咨询面谈以及课程学习、俱乐部活动、兼职和实习等方式在现实生活中展现，自我概念在角色扮演和反馈学习的基础上获得发展。

⑩从青春期后期开始，职业自我概念变得越来越稳定，职业选择和调整也具有了一定的连续性，但随着人们生活和工作环境的变化，自我概念和职业偏好还会随时间的流逝和经验的积累而改变。

⑪职业变化过程具有阶段性、周期性特征，具体可以划分为成长、探索、建立、管理和衰退5个阶段，每个阶段都有相应的职业发展任务，这些职业发展任务以社会期望的形式呈现。成长指的是对生涯意义进程认知；探索指的是工作信息搜索，作出

决策等行为尝试；建立指的是对现有工作形成稳定的承诺；管理指的是在现有工作岗位上进行积极的工作角色管理；衰退指的是从现有工作岗位上退出。

⑫每当生涯受社会经济和个人事件（如疾病和伤害、工厂关闭和公司裁员、工作重新设计和工作自动化）的影响而变化时，就会由一个生涯阶段向下一个生涯阶段转换，这一转换过程也可分为成长、探索、建立、管理和衰退 5 个阶段。

⑬职业成熟度是一种心理社会结构，它表示个体从成长到衰退的整个生涯发展过程中职业发展的程度。职业成熟度可以通过比较面临的发展任务与实际年龄所预期的发展任务加以衡量。

⑭生涯适应力是指个体应对当前和预期职业发展任务的资源准备程度。态度、信念和能力的适应程度随关注、控制、观念和信心的发展而提升。

⑮职业发展任务可以促进生涯建构，生涯建构是在完成职业发展任务的过程中实现的。

⑯在职业生涯任何阶段，可以通过职业发展任务的解读、加强适应性练习以及明确职业自我概念促进生涯建构。

（2）三个核心观点。基于以上 16 个探索性命题，在 McAdams 一般人格结构理论的指导下，萨维科斯整合了个人—环境匹配理论和生涯人生主题理论，将生涯建构理论的 16 个命题进一步归纳为个体特质差异性、生涯阶段任务发展性和生涯过程动态性三个方面，这三个方面反映了职业行为的内容（what）、表现方式（how）和产生原因（why），可以分别采用职业人格类型、生涯适应力和人生主题来衡量。其中，职业人格解释了不同的人喜欢做什么，生涯适应力解释了个体如何应对生涯发展不同阶段的任务，人生主题解释了为什么每个人对待工作和生活有不同的态度。

①职业人格类型。个体选择从事的工作是职业人格的主题。职业人格是指与职业生涯相关的能力、需要、价值观和兴趣等。人格特征是个体进入工作世界的准备资源。准备资源在家庭生活中形成，在社区和学校中得到发展。生涯建构理论将兴趣及其他生涯相关特质视为适应策略而非真实的个体差异。兴趣等概念是动词而不是名词，与生涯相关的能力、兴趣和价值观反映的是生涯建构的意义，是展示个体未来可能性的动态过程，而不是预测未来的稳定特质。个体可以根据情境需要使用或放弃这些策略。生涯建构理论认为，职业人格类型和职业兴趣自身没有现实意义或真正价值，可以根据所处的时间、地点和社会文化背景发生变化。工作环境中规则的相似性可以使具有潜在差异的个体形成多种职业人格类型群体。职业人格类型和职业兴趣是反映社会意义的即时关系联结，个体在工作中成为不同类型特征的人，而不是在工作之前就

是该类型的人。工作是个体发展的情境，是自我展示的外部形式，也是连接外部世界和自我的桥梁。

②生涯适应力。生涯适应力是指个体在适应工作过程中的态度、能力和行为。生涯适应力与人生主题和职业人格相一致，人生主题引导职业人格在工作中的表达，而表达本身又受到生涯适应力的控制。

生涯建构理论认为，生涯建构是个体为了实现自我概念，在社会角色中不断尝试，达到自我与社会整合的社会心理活动。由于个人和环境不断变化，个人与环境的匹配过程也永远不会停止。生涯建构的过程会连续不断、依次递进，朝着个人与环境匹配性更高的方向发展。

适应过程包括从学校到工作、工作间、职业间的过渡和转换，可以分为成长、探索、建立、管理和衰退5个阶段。这5个阶段形成一个适应周期，当出现新的转换时，这个循环会周期性重复。

例如，一名员工从事一项新工作，在新工作岗位上会有一段成长期，包括探索该工作岗位的任务要求、工作规范和报酬等；然后，他会在工作岗位中确立自己的角色，对这个工作角色进行管理，当他做好了更换工作的准备时，他会主动退出这个工作岗位；或当组织变革使他的职位变得多余时，他也会主动地退出这项工作，从而最终实现与该工作的脱离。在后工业经济时代，人们不会持续几十年一直从事某项工作。新技术、全球化和工作的重新设计要求员工更积极地建构自己的生涯。他们频繁跳槽，每次都要重复成长、探索、建立、管理和衰退的循环过程，解决由发展任务、职业转变和工作创伤引起的陌生、复杂和不明确的问题，从而增强个体适应新环境的能力。

生涯适应力是解决生涯实际问题的应对策略，个体可以利用这些应对策略将职业自我概念与工作角色相结合。萨维科斯和波菲利将生涯适应力界定为：个体解决在生涯发展任务、职业角色转换和工作创伤中遇到的陌生、复杂、不确定性问题的一种自我调节能力，是个体在生涯发展过程中应对外部挑战需要具备的核心能力。

生涯适应力由三个层次构成。最高、最抽象的层次包含四个维度，即生涯关注（career concern）、生涯控制（career control）、生涯好奇（career curiosity）和生涯自信（career confidence），分别对应生涯发展的四个重要问题，即"我有没有未来""谁会拥有我的未来""未来我想要做什么"和"我能不能做到"，这四个维度是个体在构建生涯过程中应对生涯任务、职业转换和工作创伤的整体资源和策略；中间层次是生涯适应力的主要内容，即态度（attitudes）、信念（beliefs）、能力（competencies）；最低、最具体的层次，主要指各种具体的职业行为（vocational behavior），尤其是个体应对外部职业环境变化作出的自我调适策略（self-regulation strategies）。

③人生主题。人生主题即个体生涯故事的主题，反映了职业行为的原因。个体在自我的职业发展任务、职业转换和工作创伤故事描述中揭示其生涯的基本意义及建构的动力。自我和社会互动的生涯故事可以解释为什么每个人会作出不同的选择，以及作出这些选择对个体的意义。从这些关于工作人生的典型故事中，咨询者可以了解到个体生涯建构的人生主题及其工作人生的动机和意义。

人生主题强调生涯的重要性。生涯建构理论认为，主题包括人生故事中最重要的内容，这些内容可以赋予个体工作意义和目的，使个体真正关心、热爱自己的工作，也会使人们认识到自己从事的工作对社会的贡献和对他人的重要性。识别人生主题可以增强个体的身份认同感和社会价值感，促进个体与社会产生联结。

（3）适应性生涯建构模型。生涯建构理论在关注个体发展方向和生涯意义建构的基础上，深入探讨个体在准备、进入和参与工作角色时的社会融合过程。个体生涯发展的实质就是个体的主观自我与外部世界相互适应的动态建构过程，不同个体有不同的建构内容和建构结果，萨维科斯由此提出适应性生涯建构模型。

适应性生涯建构模型将适应建构过程分为适应性准备、适应性资源、适应性反应和适应性结果四个环节，分别代表适应的动机、能力、反应和结果。

适应性准备指的是个体应对生涯变化的灵活性特质或意愿，是稳定、情境化、类特质的心理特征。可以采用多种指标测量适应性准备，包括认知灵活性、主动性和五大人格特质等。

当面临变化时，个体只具备适应性准备还不足以引发应对变化的行为，个体的适应性准备还需要引发应对变化的自我调节资源，即适应性资源。适应性资源指的是个体应对生涯发展任务、职业转换和工作创伤中陌生、复杂及不确定性问题的自我调节能力，具体体现为生涯适应力。

生涯适应能力能够引发应对环境变化的适应性反应。适应性反应指的是个体应对生涯发展任务和工作环境变化的反应方式，包括外在行为和内在信念，可以表现为生涯计划、生涯探索、生涯自我效能信念和生涯阻碍感等。

适应性结果指个体在某个时间段内达到的符合角色要求的程度，是适应性行为的结果体现。适应的目的就是使个体需求与环境变化相契合，因此可以借助人与周围环境之间的契合度来表示适应性结果，相关指标可以是发展前景、满意度、承诺和生涯成功度等。

适应性生涯建构模型对适应过程各个环节之间的关系进行了解释，指出个体的适应性准备会对其适应性资源产生积极影响，适应性资源又会依次影响适应性反应和适应性结果。具体来说，即个体适应性准备的程度不同（动机），适应性资源就会存在差异（能力），应对环境变化的方式也会有所不同（反应），从而个体与工作角色的匹配度也会有所差异（结果）。根据该模型提出的观点，适应性反应在适应性资源与适应性结果之间具有中介作用。换言之，具备应对生涯发展挑战策略（适应性资源）的个体，会产生应对变化的信念和行为（适应性反应），继而达到适应（适应性结果）。

由于人与其所处的环境是不断变化的，这四个适应环节（适应性准备、适应性资源、适应性反应及适应性结果）都处于应对变化的激活状态，以达到人与环境的和谐。这个模型为生涯建构理论的检验提供了框架，也触发了一系列新的职业行为探索研究。

2. 理论的应用价值

生涯建构理论深化了已有的职业发展理论，赋予了经典的职业人格理论和毕生生涯发展理论后工业时代的特征，建立的生涯适应力模型为生涯干预及其有效性检验提供了一个立体式概念框架，提出的适应性生涯建构模型可以指导个体基于动态生涯发展视角适应不断变化的环境。因此，生涯建构理论具有很强的应用价值。

生涯建构理论目前在生涯咨询领域得到广泛的应用。不同的社会阶层和群体面临着各种各样的生涯发展挑战问题，生涯咨询者以生涯建构理论为指导，针对不同群体的生涯建构过程设计生涯咨询及干预方案，可以有效解决不同群体在生涯发展中面临的问题。在生涯咨询中，基于生涯建构理论，咨询者可以帮助来访者通过工作和关系的自我建构，将自我概念与工作联结起来，以此让个体成为自己工作的创造者，主动建构生涯的意义，而为适应工作模式的新变化做好准备。另外，针对不同群体在生涯发展中面临的问题，咨询者可以采用生涯适应力量表评估其在生涯适应力的哪些方面发展迟缓或不均衡，在此基础上进行有针对性的干预，可以提高其生涯适应能力，并有助于其构建自己的生涯。

生涯适应力量表能够在一定程度上满足企业组织在竞争环境下对人才招聘和员工培养的需求。为了在激烈竞争环境中获得更好的生存发展机会，企业组织更偏好适应能力强的员工。生涯适应水平高的员工具有较强的环境适应力，这些人往往不畏惧变化和不确定性，甚至会随时以准备的姿态主动迎接环境变化，在与环境的互动过程中始终保持积极进取心态以应对各种挑战，迅速找到掌握全局的关键和突破口，通过自我与外部环境的资源整合解决问题。因此，企业组织在招聘过程中采用生涯适应力工具筛查适应能力强的员工，或者在培训过程中对员工的生涯适应力加以培养，可以在一定程度上提升企业组织的生存发展能力。

二、职业生涯之寻求契合

"适合的才是最好的。"我们大多数人都会认同这样一个朴素的职业生涯理念，就是无论我们对工作的期望有多么复杂、多么苛刻，但在某个地方一定有非常适合我们的工作，它刚好就需要我们所具有的能力，也刚好能带给我们想要的报酬和满意度。帕森斯提出的人—职匹配理论就是想要让大家都能选择合适的职业，他指出人们应该有意识地将自己的特性和可获得的工作联系起来，然后从中选择最为匹配的工作。时至今日，帕森斯的理论仍是许多职业生涯指导的核心理论。职业生涯匹配主张实现每个人和其职业生涯选择之间的统一，其隐含的意义是找到一个良好的匹配职业，求职者将拥有一个愉快、成功的职业生涯。

（一）工作调适理论

随着当代社会越来越依赖非人性化的工业工作环境，工作对个人的意义已经成为一个重要的问题。许多关于职业和人本心理学的研究致力于能力的识别和测量。人们普遍认为，个人知道自己的需要、长处和工作要求是非常重要的。在这样的背景下，旨在指导职业选择的研究应运而生。

职业生涯管理最早源于美国，初始形式就是就业指导。帕森斯在《选择一个职业》（*Choosing a Vocation*）中，阐述了职业选择和工作调适的合理方法。他提出只有把对人的分析和对工作的分析结合起来才能实现明智的职业选择。在帕森斯之后，特别是在两次世界大战之间，有关"对人的分析"的研究和理解取得了进一步的发展，这在很大程度上归功于对个体差异的广泛研究工作，特别是对精神特征和兴趣的测量。

随着人们对职业心理学的重视，越来越多的研究者开始关注这个领域，比如维泰莱斯致力于研究工作心理，德沃夏克致力于对职业能力模式的开发，斯特朗开发了关于职业兴趣的测量工具以及明尼苏达职业兴趣量表等。许多职业心理学家在工作中使用帕森斯的方法，用这些量表测量职业问题、匹配能力和教育—职业要求、评估个人—工作适合程度等，但是在理解职业选择行为和职业调整方面进展甚微。毫无疑问，职业分析的先进工具和技术发展有利于更好地理解心理咨询中的人际关系和沟通因素，也有助于重新认识通过工作满足需要的重要性，对研究职业成熟度等概念的发展同样具有重要作用。关于职业选择和工作适应研究的缺乏，也给职业咨询带来很大的发展空间。相当多的研究者开始关注职业咨询领域，并运用基础心理学的知识给职场人士提供咨询和建议。

综上，职业心理学研究的主要贡献之一是预测工作适应性，研究人与环境适应的问题。工作适应的研究集中在职业选择、职业发展和职业规划、绩效满意和工作满足感等方面。但是，这些理论研究没有将个人和工作环境结合起来。从理论和实践的角度而言，都需要一个理论框架将这些概念整合起来，以指导未来研究活动。工作调适理论就是在这样的背景下发展起来的。该理论起源于20世纪60年代明尼苏达大学的职业康复研究，1964年研究者提出工作调适理论研究框架，1968年研究者发表工作调适理论论文，1984年研究者出版《工作调适的心理学理论》一书。

1. 理论的核心内容及最新进展

工作调适理论（theory of work adjustment，TWA）是一种人与环境的匹配理论，它是将弗兰克·帕森斯、唐纳德·帕特森和约翰·达利的P-E匹配理论（也称个人—环境匹配理论）拓展为动态的职业调整模型。工作调适理论主要是基于魏斯在明尼苏达大学进行的一项针对职业康复的研究发展形成的。该理论在充分肯定职业选择和职业发展的重要性的基础上，指出就业后的适应也十分重要。

工作调适理论的发展经历了两个重要的阶段：1964年，洛夫奎斯特和戴维斯提出了工作调适理论的基本框架；1970年以后，工作调适理论得到了进一步发展，洛夫奎斯特和戴维斯不仅弥补了职业需求和工作价值之间的理论鸿沟，还阐明了个体风格和工作环境的关系以及工作调适的动态过程。这标志着工作调适理论从静态的特征和因素模型转变为描述个人与工作环境之间的交互作用。

（1）理论的来源。工作调适理论模型是在个性心理学、职业发展心理学的基础上整合P-E匹配理论发展而来的。个性心理学研究的重点是将工作和性格结合起来，其中比较典型的是工作个性理论；职业发展心理学是将个人能力和需求与个人成长整合起来加以研究。显然，它们都是将个体作为主要的研究对象。

职业心理学和普通心理学将个体视为一个有机体，即个体具有反应潜力，当出现环境刺激时，个体就会做出回应。个体在和环境相互作用的过程中形成了个体的需求和能力，即工作个性。但工作个性是静态的，它只考虑了某一节点的人与环境的互动，而没有将个人发展和环境变化结合起来。因此，在后来的研究中，研究者将个人成长和环境发展相结合来研究工作个性的形成。

工作个性的形成实质上是以个体年龄变化为测量点，预测个体和环境之间的契合关系。在不同的年龄阶段，个体能力和需求是不同的，环境强化系统也是不同的；随着年龄不断增长，个体能力和需求、环境也在不断发展，在这个不断变化的过程中，个体和环境之间不断地调整匹配，最终在工作年龄阶段形成个体的工作个性结构。换而言之，当一个人坚持一种特定的"生活方式"时，会有自己相对固定的一套需求强化条件。当能力集和需求集被具体化时，对能力和需求强度的连续测量将不会显示明显的变化，也就是所说的形成了相对稳定的性格和能力。工作调适理论实际上是针对个体的研究，需要收集大量关于个人的数据，比如工作态度、工作绩效、工作历史、教育和培训经历、才能、兴趣和人格特质等。这些特征因素都是分析人与环境互动的基础，从中可以看出，所有研究的出发点都是人，都是源于个体差异，因而工作个性是工作调适理论的前提。

工作个性的视角和职业人格理论产生了很大的共鸣。格罗斯曾指出：对某个职业来说，一种特定类型的人格可能会比另一种人格更适合这个职业。这个职业会进一步塑造他的人格，直到他觉得自己适合这个职业。工作调适理论也是以职业人格理论为基础的。结合工作个性理论，工作调适理论认为在接触工作的最初阶段，仍然会发生能力和需求的变化。随着时间的推移，个人的工作经验会增加，能力和需求变化就会趋于稳定。

然而，工作个性理论和职业人格理论仍有缺陷。不论是工作个性还是职业人格都会随时间推移而发生变化，但与此同时个人的能力和需求也在不断发生变化，那么就会产生不一致的方面。这种不一致可能是由内外的压力造成的，带来的后果就是心理不协调。万斯和沃尔斯基将心理不协调描述为正常的压力，是个体能力、内在因素和兴趣之间的不协调、不适应。工作调适理论就是以能力和工作要求的不一致性、需求和强化系统的不一致性为基础进行的理论研究。工作调适理论认为缺乏一致性就会导致不满意，体现为个体和组织的不满意；同时还说明了这种不一致性存在的原因，并指出可以通过调节强化系统、个体改进能力等方式减少这种不一致性带来的心理压力，或者可以通过其他方式找到更合适的强化系统或工作要求，以促进工作和需求的一致性。

戴维斯认为工作调适就是指个人为了能维持工作和需求一致性所做的努力，以在不同职位上的工作持久程度为衡量指标。当工作环境能满足个人需求（即给予个人"内在满意"），而个人也能满足工作技能要求（即达到"外在满意"）时，个人与环境的一致性就较高，由内外压力带来的心理不协调就会减弱。这里的一致性，是源于卡特尔和哈尔姆提出的适应性概念。这个概念认为个人能力与工作要求之间存在对应关系，适应性的调整就是增强了需求和工作强化条件、个人能力和工作要求之间的对应关系，最终带来员工个人组织的满意。

无论是工作个性结构，还是职业人格，都无一例外地提到了人与环境互动的问题，并且工作调适理论另一个重要的来源就是 P-E 匹配。该理论的核心观点是，员工特征和环境特征的符合程度会影响员工态度、员工行为及组织结果。工作调适理论的核心也强调员工能力和工作要求、员工需求和强化系统之间匹配的重要性，员工、组织、环境会动态地进行适应性调整，以实现个人满意和组织满意。从概念上看，工作调适理论实际上就是一个动态的 P-E 拟合的过程。

（2）核心内容。如前所述，工作调适理论强调人与工作环境互动的动态过程，认为工作调适是实现个人和工作相互匹配的过程，在这个过程中，通过强化系统进行调整以实现个体和组织满意，从而实现工作持久。其核心内容主要涉及八个基本概念、九个假设命题和工作调适理论的相关模型。

①八个基本概念。

组织满意度：在工作调适理论中，满意度被视为一个动态的变量，定义为人与环境匹配关系的情感反应。这里的满意度包括个人满意度和组织满意度。组织满意度主要是从工作能力、工作任务表现、工作结果（绩效）来评估个体行为是否达到了组织期望的结果。

员工满意度：就像工作调适理论中提到的，满意度是需求与强化系统对应的函数。个体为组织工作，贡献自己的力量，期望从组织中获取回报。组织通过强化系统来满足员工需求。从资源保存理论的角度看，个体能够从组织获得回报，使需求得到满足，结果就是个体愿意为组织工作，实现个体层面的满意。

技能：是指针对指定任务的可重复行为序列。技能在不同方面有不同的要求，比如，任务内容、任务难度、完成任务所需时间（速度）、完成任务所需精力等。在工作调适理论中，通过量表来测量的技能主要体现为智力、语言表达能力、数字能力、管理能力、动手能力等。

需要：马斯洛需求层次理论是个体需要的理论基础。在工作调适理论中，个体需要包括成就、权力、创造性、薪酬、价值感、独立性等。例如，价值是个体在组织中得到的被认可、被需要的感觉；成就是个体能力的发挥，以及个体满意度的提升；自主性是个体在组织中所具备的对个体工作创造性发挥的权利。

工作要求：个体具备的工作能力是指能够满足组织对个体的工作要求，比如，工作技能、理论知识、心理承受能力等。工作能力要求实际上是和个体技能相对应的。组织对个体的要求是不同的，因为每个工作的具体要求存在差异，例如，媒体策划对语言表达能力要求很高，而会计工作可能不需要很强的语言表达能力。只有在个人能力和工作要求相对应的情况下，才能实现个体与环境的匹配，达到组织的满意。

强化系统：是指通过激励、刺激等方式满足员工的需求。组织中的强化系统主要有物质激励、精神激励两个方面。工作调适理论认为每个人的需求不同，每个人的人格、风格也不同，强化系统应当根据个体的特征动态地调整，这样才能实现个体和强化系统相匹配。

匹配度：是指个人需求与强化系统、个人技能和工作要求之间的一致性程度。工作调适理论是动态的 P-E 匹配理论，核心观点就是人与环境的匹配。上文提到，由于个人、环境不断发展变化，个体和环境必然产生不协调、不一致的情形，而要实现工作持久，就必须在两者之间进行动态调整。在这个调整过程中会有一个阈值（指对不满意的容忍度），在这个阈值之内，双方都会主动地调整各自的行为以适应对方，调整的结果表现为工作持久或者离职。

工作持久性：可以简单定义为工作时间，也就是任期。工作调适理论中的任期包括工作任期、职位任期及组织任期，关于任期的研究是指在组织范围内，个人或组织在阈值内的调整性行为。工作持久性是个人满意度和组织满意度相互作用的结果，个人技能和工作要求的对应关系与个人需求和强化系统的对应关系会提高工作的持久性。

②九个假设命题。工作调适理论试图以工作个性为前提，以基础心理学提出的内外压力产生的不一致性为背景，通过个人的自我实现需求，达到能力和需求之间的一致性。最终，提出了工作调适理论的九个假设命题。

命题一：一个人的工作在任何时间的调整是由个体满意度和工作满意度决定的。

命题二：组织满意度是指一个人的能力与工作要求的能力之间的对应程度。基于命题二得出两个推论：推论一，个人的整体能力及其衡量满意度的方式有助于他确定工作对能力的要求；推论二，了解工作对能力的要求并测量个人的满意度，可以推断个人的整体能力。

命题三：个人满意度是指工作环境的强化与个人需求之间的对应关系，前提是个人的整体能力与工作环境的能力要求相对应。基于命题三得出两个推论：推论一，个人需要的知识、技能和测量的满意度；推论二，工作环境的有效强化和个人的适度满足受到个人需求的影响。

命题四：个人满意度调节工作环境系统满意度与个人需求之间的功能关系。

命题五：组织满意度调节工作环境系统与个人需求之间的功能关系。

命题六：员工被迫离开工作环境的可能性与员工满意度成反比。

命题七：员工自愿离开工作环境的可能性与员工满意度成反比。

命题八：工作持久是满意度的函数。基于命题八得出推论：终身职位是能力——需求和需要——强化相互对应的函数。

命题九：个人（能力和需求）与环境（能力要求和强化系统）之间的对应关系会强化个人的工作持久。

③理论模型。从上述命题可以看出，工作调适理论是指个体和环境之间相互作用、满足彼此需求的过程。该理论假定，当个人能力与工作所需的技能要求相符，并且工作能够满足个人需求时，就会产生最佳的匹配度。该理论认为个体和环境是调整适应性匹配的两大主体，主要从内在满意度、外在满意度两个角度来考察调适。首先，个体需要根据工作环境进行评估，了解工作环境的要求，以及个体与工作环境之间的匹配程度；其次，根据环境提供给个人的强化系统，评估它能否满足个体的需求。因此，戴维斯和洛夫奎斯特将工作调适理论的核心概念整理为：工作被概念化为人与环境之间的互动。工作环境任务要求执行某些任务，并且个人拥有执行任务的技能。作为交换，个人需要对工作和某些工作条件（如安全舒适的工作环境）进行补偿，即提供满足组织要求的工作绩效。环境和个人必须持续、动态地满足彼此的需求，以保持双方的一致性。工作调适就是实现和保持一致性的过程，而工作适应是指个人对工作环境的满足程度和工作环境对个人的满意程度。个人和组织满意的结果就是工作持久，这也是工作调适的主要目的。工作持久性可以通过工作与个人和环境的一致性来预测。

综上所述，工作调适理论是一种基于人与环境之间匹配关系的职业调整概念的综合模型。该模型假定需求和能力是工作个性的组成部分，而工作要求和强化系统是工作环境的重要方面。个人技能和能力与工作能力要求之间的对应程度可预测组织满意度；个人需求和价值观与强化系统之间的对应程度可预测员工满意度。

工作调适理论将心理学家在职业指导、职业咨询和人员选拔等应用领域使用的匹配模型形式化，确实更加强调需求、强化因素和满意度的结果。然而，上述内容只处理了工作个性结构和工作环境之间的交互关系，并没有考虑匹配的动态调整情况，即个人或组织面对不满意情形的动态反应，也就是工作系统模型里强调的阈值。因此，随着工作调适理论的普及，研究者扩展了工作调适理论在咨询中的应用，并将其作为超越工作行为到心理学人格概念的一般方法。洛夫奎斯特和戴维斯设计了一个工作调适理论系统模型（图1-1），侧重于用心理测量方法分别解决职业选择、人员选择、工作动机、员工士气和工作效率等问题。

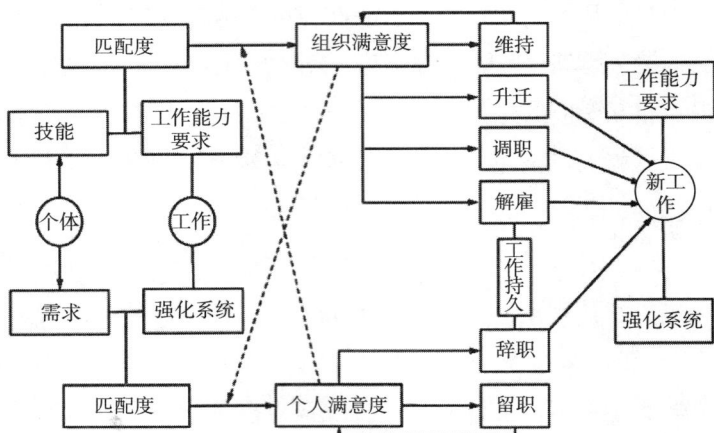

图 1-1　工作调适理论系统模型

工作调适系统模型提供了一个简捷的方式来思考个人和组织的关系。一方或双方的不满意表明需要调整不协调的情况。调整可以改变以下四点来完成：个人的需要、个人的技能、环境的强化因素、环境的任务要求。

工作调适系统模型的核心观点：从个体角度而言，个体是带着需求开展工作并根据强化系统评估这些需求，个体的满意度存在一个阈值，如果强化系统可以满足个体需求（即达到阈值），个体就会感到满足，并按照组织期望的方式工作（即工作行为）；反之，如果个体没有得到满足，就会产生不满意。这里提出了一个调整模型，个体可以采用反应行为（被动）或者主动行为进行调整，如果最终都没有达到期望的结果，个体就会选择离开。从组织角度而言，组织会对个体的绩效进行评估，当绩效不能满足工作要求时，个体会被认为不合格，组织可以容忍一些不满意的情况，但是如果超过一定的阈值，组织就会进行调整，同样体现为反应性和主动性两个方面。如果环境的这两种调整方式都没有达到预期的效果，唯一的办法就是把个体从具体的工作情态中分离出来，这可以通过调动、降职、晋升或解雇来实现。显然，工作调适理论的系统观点，将个人与工作要求、强化系统之间的匹配视为一个存在阈值的动态系统，个人在这个过程中不断寻求双方满意。

工作调适理论提出之初，强调的是个人与工作环境的互动，其中主要变量有能力和强化系统、技能和工作要求、满意度和任期。我们可以看出，工作调适理论以个人与环境的匹配为主体，但是由于个体存在差异，不同风格的人对于需求和工作环境结构的一致性程度的理解是不同的。从逻辑上说，可以期望随着个体任期的增加，工作环境、工作个性或两者都会产生可观察到的变化——可能是个人寻求改变工作环境或影响个人工作个性变化的工作环境，或者两者兼而有之——从而使原本与终身雇佣相关性很弱的个体实现终身雇佣的可能性增大。不同个体在调整过程中的个人风格是不同的，工作调适理论的研究者进一步提出了人格的四个维度——灵活性、主动性、反应性和敏捷性，可以帮助我们理解在相当长的一段时间内由于行为经验而产生的稳定的行为倾向。

综上所述，无论是工作调适理论基本模型，还是在发展中形成的工作调适理论系统模型和人格维度模型，工作调适理论的主要关注点仍然是在个体、工作之间实现一致，而实现一致就是指个体需求在个体和工作互动中不断进行调整。通过个体的个性、自我实现目标、学习能力等不断修正个体和工作间的不协调，个体努力提高自身的能力以达到工作能力要求，组织提供强化系统以实现个体的需求，个体和工作、环境之间越是符合一致性的关系，个人的满足感越高，组织对个体的满意度越高，个体在这个工作领域就越持久。换句话说，依据工作调适理论，工作调适是一种配对功能（即一个人的工作个性和工作环境之间的匹配），不匹配会导致员工不满足、组织不满意、员工工作表现不佳和离职。

（3）最新发展。工作调适理论源于明尼苏达大学职业康复人员有关如何适应工作的研究项目。该研究于 20 世纪 60~70 年代进行，在"明尼苏达州职业康复研究"系列的 30 个公告，以及数种期刊、书籍中都有报道。自 20 世纪 70 年代中期以来，"工作调适项目"一直是明尼苏达大学心理学系的研究重点。戴维斯和洛夫奎斯特在工作调适理论的基本模型的基础上，进一步提出了工作调适理论的过程模型。

工作调适理论的过程模型将调整描述为一个周期，并在这个过程中引入了个人灵活性、个人毅力、组织稳定性、组织灵活性四个变量。工作调适理论的过程模型可解释为：当个人不满意时，启动调整行为，循环就开始了。在调整行为之前会有个阈值，也就是个人和组织双方对满意和不满意的容忍度，个人在变得不满意而启动调整行为之前所能容忍的不协调程度决定了个人的灵活性。高灵活性意味着个人不会轻易感到不满意；低灵活性则意味着个人很容易感到不满意。当调整行为开始之后，个人可采用两种方式进行调整：一是主动性行为，即个人更改环境的辅助工具或者环境技能要求；二是反应性行为，即个人尝试改变自己以提高技能等。个人在放弃之前会努力减少不满，而个人在退出之前尝试调整的实践可以体现个人的毅力。实质上，工作调适动态过程模型是将工作调适过程模型和工作调适的人格维度进行了整合，引入了更具体的变量（图 1-2）。

工作调适理论是针对职业康复人员适应性的研究，应用领域主要是职业咨询，而赫汉森将研究视角投注到教育环境，进而提出工作调适发展模型。该理论也有两大主体——个人和环境，而工作调适受到两大主体中各子系统的发展影响。一般来说，工作人格受家庭环境的影响，工作能力受学校环境的影响；而工作目标则是在家庭、学校和社会环境共同影响下形成的。这三者处于动态平衡的状态，其中一个系统发生改变，其他系统也会发生变化。赫汉森的工作调适发展模型与工作调适理论的不同之处在于，工作调适理论涉及工作持久的内容，但赫汉森的工作调适发展模型没有提及；赫汉森的工作调适发展模型还加入了生态环境因素，但工作调适理论没有。两种调适理论都是从个人和环境两方面因素考量，即个人在工作情境中的调适问题，为个人工作调适实践提供了理论支撑，需要根据自身及工作的特性，量身打造适合个人的工作调适职业生涯辅导方案。

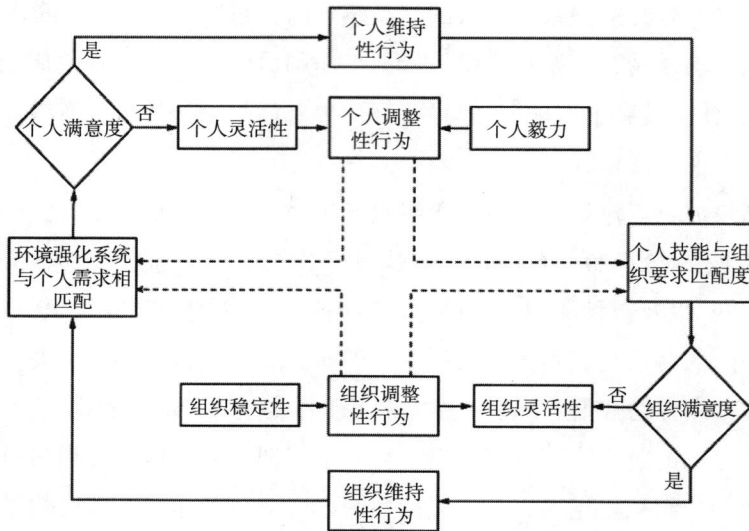

图 1-2　工作调适理论的过程模型

如前所述，工作调适理论是动态的 P-E 匹配理论，戴维斯和洛夫奎斯特在 1991 年出版的《个人—环境匹配咨询实质》（*Essentials of Person–Environment–Correspondence Counseling*）一书中，将工作调适理论推广至个人—环境一致理论（person-environment correspondence，PEC）。在咨询领域，摆在咨询师面前的大部分职业咨询问题都和个人与环境之间的不匹配有关。整合了工作调适理论与职业心理学理论，将工作调适归入更加广泛的理论范畴，并且在工作调适理论的基础上，为职业咨询者提供咨询工具，帮助解决客户的人与环境相互匹配调整的问题。同样，Eggerth 也对将工作调适理论的基本概念拓展到更加广泛的个人—环境一致理论进行了研究。在这里，个人—环境一致理论关注的是情感的结果，匹配会导致积极或者消极的情感，研究者使用的是幸福感的概念。

　　布雷茨和贾奇拓展了戴维斯和洛夫奎斯特的工作调适理论。将工作调适和个人组织匹配相结合，预测终身职位、满意度及职业成功的指标值（如薪酬水平、工作能力）。来自两个大型劳资关系项目的 873 名大学本科毕业生接受了有关职业成功、影响职业成功的因素、组织环境、对不同组织环境的偏好的调查，结果支持个人—组织匹配理论对终身职位和满意度影响的假设。

　　工作调适理论提到了终身职位的概念。随着对工作和工作退出行为的重要性的认识不断加深，终身职位这一概念得到了更大的拓展。阿伦·齐纳和埃尔坎南·梅尔为了剖析这一问题，对工作调适理论进行了拓展，并加入了组织承诺的概念。而彼得·沃则认为还需要考虑心理健康、幸福感及满意度，在他关于工作调适的拓展模型中，强调了衡量与工作相关的幸福感的方法。

　　工作调适理论作为职业心理学中被广泛接受的理论，在职业咨询领域也受到颇多关注，针对工作调适理论的研究仍在不断开展。

　　2. 评估技术与测量工具

　　作为 P-E 匹配理论的分支，工作调适理论研究的是个人需求、个人能力与工作、强化系统之间的一致性。为了更好地量化个体的能力和需求，洛夫奎斯特和戴维斯等人开发了一系列的测试量表，包括明尼苏达重要性问卷（minnesota importance questionnaire，MIQ）、明尼苏达工作描述问卷（minnesota job description questionnaire，MJDQ）、明尼苏达满意度问卷（minnesota satisfaction questionnaire，MSQ）、明尼苏达满意度量表（minnesota satisfactoriness scales，MSS）、能力倾向测试（general aptitude test battery，GATB）等。通过对成就、同事、创造力和挑战、独立性、价值等方面进行评估，这些工具可以帮助个人对理想职业进行定位，并评估反应、能力与环境之间的互动，从而实现对人境一致性的测量。

　　（1）明尼苏达重要性问卷。明尼苏达重要性问卷是对个人职业需求和价值观的测量，而职业需求和价值观是工作个性的重要方面。MIQ 旨在衡量以下 6 种职业价值（以及这些价值所衍生的 20 种职业需求）：

　　①成就（能力利用、成就）。

　　②利他主义（同事、社会服务、道德价值观）。

　　③舒适（主动性、独立性、多样性、报酬、安全感、工作条件）。

　　④安全（公司政策和实务、监督—人际关系、监督—技术关系）。

　　⑤地位（晋升、认可、权威、社会地位）。

　　⑥自主（创造性、责任感）。个人需求和职业强化因素的对应关系可以预测工作满

意度。

（2）明尼苏达工作描述问卷。明尼苏达工作描述问卷用于确定职业提供的报酬，有两个分量表——雇员量表和主管量表。在这两个分量表中，除了主管（或专家）和员工对工作要求的评估方向不同，其他内容是相同的。MJDQ旨在沿着21个强化因素维度测量工作的强化因素（需要满足因素）。在运用MJDQ的标准流程中，一组评分员（如主管、员工或工作分析师）被要求对特定的工作进行评分。所有评分项完成的MJDQ的复合标度结果形成一个职业强化因素模式（ORP），用以确定既定工作的额定强化因素或需要满足因素模型。

（3）明尼苏达满意度问卷。明尼苏达满意度问卷由魏斯、戴维斯和洛夫奎斯特编制，分为短式量表（3个分量表）和长式量表（21个分量表）。短式量表包括内在满意度、外在满意度和一般满意度3个分量表；长式量表包括120个题目，可测量员工对20个工作方面的满意度及一般性的满意度。这里以短式量表项目为例：采用5分量表，其中，1为对我工作的这一方面非常不满意；2为对我工作的这一方面不满意；3为不能确定对我工作的这一方面是满意还是不满意；4为对我工作的这一方面满意；5为对我工作的这一方面非常满意。MSQ对工作满意度的整体性与各个构面皆进行完整的衡量。使用MSQ对员工个人能力进行测试，可以证明总体满意度与角色冲突和角色模糊、离职倾向之间呈负相关关系，总体满意度与生活满意度、非工作满意度、工作投入、绩效期望等之间呈正相关关系；纵向研究分析表明工作和非工作的满意度是生活满意度的预测指标。

（4）明尼苏达满意度量表。明尼苏达满意度量表是用来衡量员工对工作的满意度的工具。MSS是一份清单，通常由员工的主管完成，主管对员工的28项工作行为进行评估，针对绩效、一致性、可靠性、个人调整、一般性满意度提供五个等级的分数。MSS可用于评估工作安排的有效性或特定培训项目的成功与否，或将个人对绩效的自我认知与主管的认知进行比较。

（5）能力倾向测试。针对能力的评估，研究者使用的是美国劳工部开发的通用能力倾向测试。GATB是对个人潜在能力的测量，预测个人在将来的学习或者工作中可能取得的成就。GATB通常通过测量现有能力来预测个人未来的成就，其作用在于发现个人的能力倾向并指导个人作出升学和就业的选择。GATB是专门针对能力进行的评估，包括学习、语言、计算、空间、感知、文书、协调等方面的能力。毫无疑问，这些能力是形成个人能力的关键指标。根据工作调适理论，这些能力会随着时间而慢慢积累和变化，最终形成与工作技能要求相匹配的个人工作能力。

3. 理论的应用价值

工作调适理论丰富了组织行为学领域的 P-E 匹配理论，组织行为学认为每个人具有不同的特性，但是没有针对结合工作偏好和个人风格进行研究。工作调适理论基于个人需求、能力和工作之间的差异进行分析，在个人需求、能力和工作之间实现了三者的结合。总体而言，工作调适理论充分关注了个体和工作之间相互制约和相互促进的关系，既注重了个体的需求，也注重了组织的要求，全面性较强。工作调适理论在职业咨询领域的应用价值主要集中在以下四个方面。

（1）教育与职业发展。前面我们已经提到，不同阶段的个人需求和能力存在差异。从最早期开始，学校就致力于帮助学生培养能力、发展技能，但是对个人需求并未给予充分的关注。工作调适理论认为，对需求的关注应该和对能力的关注处于同等的地位。工作调适理论建议，必须以与获取技能和能力同样的方式获取需求和价值，在这个过程中，我们必须关注个体差异并尊重个人及其家庭的需求。

（2）作出职业选择。明智地选择职业是调整工作的第一步，工作调适理论认为，选择合适的职业是一个人感到满意的前提条件。工作调适理论预测需求和强化系统的对应关系、能力和工作要求的对应关系可以缩小可供选择职业的范围。工作调适理论提供了一系列的方法来提高个人选择职业的准确性，比较典型的有明尼苏达职业分析系统（minnesota occupational classification system，MOCS）。MOCS 围绕强化和对应两个轴进行，包括三类强化（自我、社会、环境）和三类对应（感知、认知、运动）。MOCS 可以帮助客户确定与其特殊需求和价值模式对应的职业机会，并帮助他们抓住机会。

（3）完成职业选择。完成职业选择需要经历三个阶段：职业准备阶段、找到一个起始位置、攀登职业阶梯。

工作调适理论对这三个阶段都适用。传统的职业准备普遍关注的是所需的技能和如何获得这种技能，这是职业准备中最重要的部分；但是，工作调适理论也会把关注点放在个人职业生涯可能遇到的强化系统上。在选择最初的工作时，工作调适理论建议个人要列出事项清单，如金钱、权力、地位等。在职业的上升阶段，工作调适理论建议个人要考虑技能、能力要求及风格要求，并为此做好准备。

（4）实现工作或职业满意。当个体对工作或职业不满时，常会感觉被侵害而无法理性地看待事物。工作调适理论提供了合理的方法帮助个体处理这种状况，全面了解情况并找到解决问题的办法。工作调适理论指出不满意的个体可以检查"不满意"的前因和后果，并且提出两种调整方法，即主动性行为或者反应性行为。近年来，相关研究聚焦于满意度和适应性方面，例如，研究文化对员工行为的影响，以及如何帮助即将退休的人员克服心理障碍从而适应退休前的工作。工作调适理论还可以用于个体的研究，例如，弹性工作时间对员工的影响。戴维斯和洛夫奎斯特运用工作调适模型解释弹性工作时间如何影响员工满意度、绩效、旷工、任期、组织承诺和工作投入。成就感可以帮助员工减轻压力，当工作时间比较灵活时，这种影响更加显著。

（二）霍兰德的职业兴趣理论

美国霍普金斯大学心理学教授、职业生涯咨询家约翰·霍兰德在相关研究和测评工具的基础上开发了一个重要的概念框架，根据霍兰德的"职业兴趣"来对个体和工作进行分类，也称作职业兴趣理论。这一理论不仅提供了重要的职业匹配理论，还提出了一系列帮助个体将理论应用于实际的测评工具和操作技能。

1. 霍兰德的职业兴趣理论的假设

霍兰德体系是一种类型学，所以也被称为生涯类型理论，它将个体和职业分为特定的类别，对每一种类别都进行了详细的描述。表 1-1 列出了每一种类别的简要描述。该理论包含了以下假设。

（1）个人职业兴趣可以归类为实用型（realistic）、研究型（investigative）、艺术型（artistic）、社会型（social）、企业型（enterprise）及常规型（conventional）六种，根据六种类型的英文首字母分别简称为 R、I、A、S、E、C 型。

（2）现实中，存在与上述兴趣类型相对应的六种环境类型。

（3）人们试图寻找一种能够发挥特长、实现价值、解决问题或完成任务的环境，具有某种人格特质的人会被相似类型的工作环境所吸引。

（4）当职业兴趣类型与职业环境协调一致时，个人会真正投入其中，并有所贡献，产生更高的工作满意度和更高的工作绩效。

表 1-1　霍兰德职业兴趣类型

类型	关键特征
实用型	喜欢实践和体育活动，不太喜欢社会交往或者情感表达；任务导向
研究型	对理念、逻辑、研究和解决问题感兴趣；理性、学究，不太喜欢社会交往
艺术型	富有创造性；喜欢非结构化的情境、自我表达和自主性，不喜欢约束
社会型	喜欢和别人一起工作，并乐于助人，偏理想主义，擅长人际交往；关心他人，并让人觉得贴心
企业型	享受与他人一起工作，喜欢通过说服、管理等方式领导他人实现目标；行动导向
常规型	对结构、计划和组织感兴趣；价值安全感和控制；喜欢细致的工作

霍兰德认为个体的兴趣类型与环境类型越相似，相容性越强，在选择职业时所面

临的内在冲突和犹豫就会越少。

在该理论的基础上，霍兰德编制出了职业兴趣测验，个人符合这六种人格类型中的哪一种，可以通过一种叫作自我职业选择指导问卷（SDS）的工具进行测量，这种问卷可以在很多国家的测评机构获取，或者在网上搜索使用。SDS 的内容包括，你认为你喜欢的工作（即使你并没有从事该项工作的能力）、你喜欢或讨厌的活动、对特定活动和一般领域胜任能力的自我估计，以及你的职业幻想。当测试得出分值以后，它会显示你得分最高的三种人格类型，分别用其首字母来表示。例如，SEA 表明个体擅长的领域是社会，随后是事业和艺术。

为了在这一情境中使用匹配理论，职业测评和人格测试要同时进行。值得一提的是，霍兰德在这里提供了充足的信息。自我职业指导问卷中的职业索引提供了超过1000 种职业，并都标明了人格类型代码（R、I、A、S、E、C）。《霍兰德职业代码字典》更是为 12000 余种职业提供了三字母代码。《职位分类目录》确保工作能够通过其代码来进行评估。

霍兰德体系的一个优点就是它很简单，至少它的测量很简单。霍兰德在揭秘心理测评过程和为大众提供有效测评方面卓有成效，使用者满意度很高。但是，通过霍兰德体系获得的职业列表只能为个体提供一个过度简化的选择。因为除了职业类型，还存在大量可能影响个体与工作情境匹配的其他因素，所以个体与工作间的强相关关系是不太可能的。

2. 理论的应用价值

霍兰德的职业类型理论将个体的人格特质与职业兴趣相结合，探索了个体的职业性向分类，提出了职业兴趣的人格观，深化了人们对职业兴趣的认识。经过多年的发展，霍兰德类型理论在我国职业教育、职业培训等领域的应用越来越多，对个人和社会的影响也日益扩大。

霍兰德的职业类型理论较多地应用于职业咨询领域，并且以学生群体为主要对象，对他们的专业或职业选择具有引导作用。大学生的专业满意度十分重要，能够正向预测其心理健康、学习投入度和学习效果，因此，提升大学生专业满意度是社会、学校和家庭的共同期望。通过霍兰德职业兴趣测验，他们可以清晰地了解自己的职业人格类型和职业偏好，从而进行职业选择和定位，并将自身与适合的职业相匹配。霍兰德认为，职业咨询师以面谈作为开展职业咨询的主要手段，但这种手段具有局限性。第一，面谈的形式较为刻板；第二，职业咨询师很难通过简单的谈话就确定个人的人格特质、决定个人未来的职业发展方向。因此，职业类型理论的应用和职业兴趣的测验能够丰富职业咨询的形式与内容，提升职业咨询师对客户信息的掌握程度，从而对客户的背景、人格特质、目标、适合的职业进行有根据的推测。

职业类型理论在企业招聘和人才选拔领域也有一定的应用。根据职业类型理论，个体的职业性向会影响其职业满意度。当个体职业性向与其从事的职业相匹配时，个体就能充分发挥潜力，并提升工作绩效。因此，企业更倾向于选拔个人特质与职位需要的特质相一致的人员，如敏感性、爱的品质、交流沟通的意愿、对教育工作的兴趣等，是一名教师的必备特质。职业类型理论广泛应用于各个行业不同职业的企业招聘和人员选拔，如电网企业干部、大学生创业型人才、高校教师、海员等的招聘和选拔。

（三）职业锚理论

学术界有关职业生涯的理论研究发起于 20 世纪 60 年代，在半个多世纪的发展历程中，大致经历了三个阶段，如图 1-3 所示。

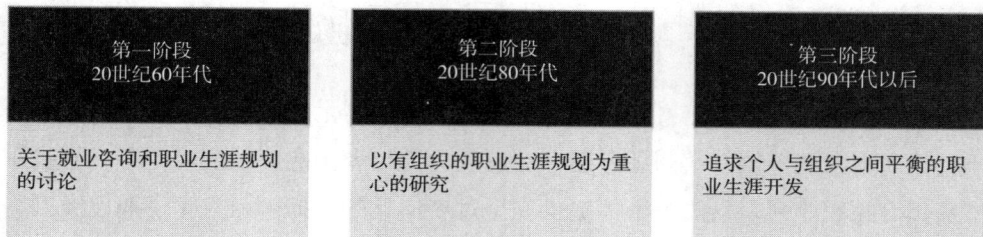

第一阶段 20世纪60年代	第二阶段 20世纪80年代	第三阶段 20世纪90年代以后
关于就业咨询和职业生涯规划的讨论	以有组织的职业生涯规划为重心的研究	追求个人与组织之间平衡的职业生涯开发

图 1-3　职业生涯理论研究的发展

其中，"职业锚"概念源于一项始于 20 世纪 60 年代的专题研究。当时正值美国社会的"多事之秋"，越南战争等重大事件加剧了美国的国内矛盾，黑人运动、反战运动和女权运动此起彼落，美国的经济受到重大冲击。在这一背景下，调整内部关系以应对社会挑战成为企业的当务之急。众多经济学、社会学和心理学等领域的学者也被卷入社会危机的旋涡，接触敏感的经济"热点"，提出种种挽救濒临险境企业的应急措施。施恩表示，只有个人和组织都以提高整体效益为目标，双方才能同时受益，企业才得以生存和发展。他将研究立足于个人，把研究重心转向组织的社会化问题。1961 年，施恩及其团队成员展开了旨在深入了解人们如何管理职业发展、如何了解所在组织的价值观和工作程序的课题研究。他们对 44 名工商管理硕士（MBA）毕业生进行了长达 12 年的跟踪调查，探讨这些毕业生进入社会时组织对其选择职业的态度和价值观的影响等问题。该研究得到美国海军研究室和麻省理工学院斯隆管理学院的支持和指导。1978 年，施恩在其著作《职业动力论》中展示了研究结果，提出了"职业锚"的概念，并归纳了五种职业锚类型，后经过施恩等人的进一步补充修正，形成了完善的职业锚理论。

1. 核心内容

职业锚又称职业系留点，指一个人无论如何都不会放弃的职业中重要的动机或价值观。换句话说，个人根据早期进入工作情境后习得的工作经验，找到的与其自身的动机、价值观、能力相符并达到满足和补偿的一种稳定的职业定位，即职业锚。它强调个人自省的能力（基于在真实世界多样化的工作环境中获得的成功）、自省的动机和需要（基于多样化的工作任务经历）、自省的价值观（基于在不同组织中感悟到的准则及价值观）三个方面相互作用与整合，是个人与工作环境互动的产物，体现了"真实的自我"。

施恩提出，有关职业锚的概念还必须说明以下几点。

（1）它的定义比工作价值观、工作动机的概念更广泛。

（2）它强调实际工作经验，无法单凭测试进行职业选择预测。

（3）它强调能力、动机和价值观间的相互作用，这种作用表现为个人越来越需要和重视他们擅长的东西，并且能够在其需要和重视的方面逐步提高能力。

（4）它只有在后期的职业生涯中才能被发现。

（5）职业锚是个人稳定的职业贡献区和成长区，也是允许个人在其他方面成长和变化的稳定源。

2. 职业锚类型

施恩归纳总结出五种职业锚类型，即自主/独立型、创造/创业型、管理型、技术/职能型、安全/稳定型。此后，职业锚概念成为职业研究的重要组成部分，它不仅为职业研究奠定了理论基础，而且为从事职业研究的学者作出了重要贡献。

20世纪80年代，施恩又增加了三种职业锚类型，即挑战型、生活型、服务/奉献型。八种职业锚类型的总结如图1-4所示。

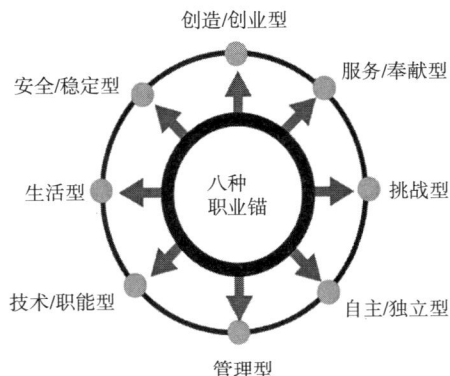

图1-4 八种职业锚类型

（1）技术／职能型。他们渴求在技术／职能领域不断成长，希望有机会运用其技术／职能；不喜欢从事管理工作，担心管理工作过于政治化，更不想因从事此类工作而放弃在技术／职能领域获得的成就。在工作薪酬方面，这类锚型的人认为薪酬应参照教育背景及工作经验定级发放。一般情况下，比起股权等激励，他们更看重绝对收入；比起职位晋升，他们更看重专业或技术等级的提高。这类员工对自我的认可来自专业水平，并非常愿意接受来自专业领域的挑战。

（2）管理型。他们追求职务晋升，热衷独当一面甚至全面管理。这类锚型的人认为，在信息不完全的条件下分析并解决问题是一件让人兴奋的事。为了实现共同目标，他们能够整合不同部门员工的力量，认为自己应该对公司的成功负责。与技术／职能锚型不同，管理锚型的人以收入水平衡量自己，期望获得较高收入，股权、奖金等会对他们起到很好的激励作用。他们看重能力，同时拥有感情、分析能力、社交能力（郭楠，2008）。在工作晋升方面，他们坚信晋升应依据个人对组织的贡献。对他们最大的认可是将其提升到承担更多责任的管理职位。

（3）自主／独立型。他们喜欢目标明确的工作，喜欢自由安排个人的生活方式、工作方式等，希望拥有既能充分施展个人才华又能最大限度地不受组织约束的工作环境。在他们的心中，自由、独立占据重要位置。如果得到组织提拔，那么他们希望新岗位能给予自己更大的自主权。同时，这类锚型的人非常喜欢直接的表扬和认可，比起金钱，勋章、奖状等更具吸引力。

（4）安全／稳定型。他们追求工作中的安全感和稳定感，乐意服从并接受组织的价值准则。他们追求对未来的把控感，对可预测的将来的成功感到格外心安与放松。在工作薪酬方面，他们希望薪酬能根据工龄等因素稳步上涨。这类锚型的人十分关心财务安全，比起完成具有挑战性的工作，他们更乐意接受加薪等激励方式。若因稳定的工作绩效和对组织的忠诚而被大家认可，他们会感到骄傲与自豪。

（5）创造／创业型。他们热衷于承担风险、直面挑战。他们希望靠自己的双手创立企业，为大众提供自己设计的产品或服务，以便向全世界证明自己的实力。尽管这类员工目前可能就职于其他企业为他人工作，但他们正不断学习、积累经验、评估并等待着未来的机会，一旦时机成熟，他们就会自立门户、大展宏图。在他们眼中，工资、红利等远不如所有权重要。他们希望自己在一定范围内能扮演满足创业需要的任意角色，对他们而言，最大的认可是创建一定规模的企业并从中获得财富。

（6）服务／奉献型。他们希望用自己的绵薄之力让世界变得更好。他们以帮助别人、改善环境等为自身追求。无论在哪个公司，无论是升职还是岗位轮换，他们都希望工作能允许自己践行这种价值观。在这类锚型的人心中，符合价值观的工作比符合技能的工作更令人满意。至于薪酬补贴，他们认为用劳动换来的报酬已经足够，金钱作为身外之物并不是最重要的，认可他们的贡献比给予金钱更重要。他们也渴望获得上级、同事等的支持，乐意并期待与人分享自己的价值观。

（7）挑战型。他们不畏困难，喜欢应对各种挑战，如解决工作中遇到的难题等。这类锚型的人思想单一，认为赢就是一切，将猎奇、创造和挑战视作终极目标。他们十分重视工作能否经常给予其挑战的机会。假若工作能使他们直面挑战，他们会很兴奋并欣然前往；假若工作没什么难度，他们会感到极其厌烦。挑战型职业锚不同于技术/职能型职业锚，后者仅关注某一专业职能领域的挑战。

（8）生活型。他们追求各方面的均衡，不愿顾此失彼。这类锚型的人希望拥有能平衡个人需要、家庭需要、职业需要的工作环境，甚至愿意牺牲职业的发展来换取这种环境。相较于组织的态度，他们更在意组织的文化是否顾及个人和家庭的需要，个人能否与组织建立真正的心灵契约。他们注重享受生活，认为工作只是生活的一个方面，工作是为了让自己活得更好。在生活锚型的人眼中，"成功"是比单纯的"职业成功"更广泛的概念。

3. 发展演进

职业锚理论提出后，施恩的探索并未止步。

1978年，施恩本人诚恳地指出了这一理论的不足。他承认初始研究单纯以美国男性管理者为样本，导致存在抽样偏差，并且没有明确的证据能解释前五个职业锚如何从纵向研究中得出。尽管如此，施恩坚信职业锚对其他非管理类职业仍具有广泛的适用性。

同年，施恩团队以50名经理为样本，再次验证职业锚理论，提出未来可能出现的职业锚类型有认同型、服务型、权力/影响力和控制力型、多样型。经过后续的补充研究，职业锚类型才变成现在的技术/职能型、管理型、自主/独立型、安全/稳定型、创造/创业型、服务/奉献型、挑战型、生活型。

1990年，施恩针对个人寻找职业锚所用时间及职业锚的稳定性做了进一步的阐述。他认为人们在开始工作之前及职业生涯初期通常并不了解自己的职业锚，一个人要花5~10年的时间才能获得足够的经验去理解推动他们作出职业决策背后的因素（如需求、才能和价值观）。尽管基于纵向数据不足以下定论，但他预测职业锚会变得更稳定，不太可能随时间的变化而变化。施恩还坚信随着时间的推移及个人工作经验的丰富，会出现一个单一的约束指导个人职业道路的职业锚。

2004 年，施恩在其新版的《职业锚：发现你的真正价值》（*Career Anchors：Discovering Your Real Values*）中就"是否存在其他职业锚类型""个人所拥有的职业锚数目是否唯一""职业锚是否会发生变化"等问题做了论述。这一阶段，施恩的思考已从职业锚理论框架上升到更高层次的问题——开始关注个人需求与组织需求如何实现匹配。

2006 年，施恩撰写了第三版《职业锚：参与者工作手册》（*Career Anchors：Participant Workbook*）。这是一本帮助人们分析过往职业生涯、探寻职业锚的工具书。在这一时期，施恩将职业锚自我评估与工作/角色分析整合到一起，指引人们创建角色地图，将职业锚与现在的职位、未来的工作联系起来。

2013 年，施恩与范·马南合作出版了第四版的《职业锚：参与者工作手册》，从方法论角度强调了职业锚访谈的重要性。他们认为人们应将职业锚与工作、家庭及自我需求协调起来，引入了工作职业与家庭/生活优先级网格这一工具，进一步展望了未来发展给特定职业锚带来的机遇与挑战。

除了施恩不断地进行后续研究，还有很多学者也对职业锚理论感兴趣。如费尔德曼和博利诺提出职业锚可分为基于才能的职业锚、基于需要的职业锚和基于价值的职业锚三种，并阐明了多重职业锚假设和职业锚类型的八边形模型。丹齐格和瓦伦西研究了异质人群的职业锚类型与职业锚、工作环境、工作满意度之间的关系。威尔斯等证明了职业锚之间的关系并提出了理解它们的基本结构。阿贝索洛等利用结构价值模型，研究了基本价值观、职业倾向和职业锚之间的关系。此外，一些研究侧重于现有或新开发的职业锚量表的验证等。

4. 理论的应用价值

（1）理论层面。自职业锚理论问世后，相当多的书籍都曾提及这一主题，在理论层面创造了巨大的研究价值。这些研究可分为三类：研究特定人群的职业锚、研究职业锚与工作成果的关系、职业锚理论的发展。

①研究特定人群的职业锚。这类研究试图深入了解群体成员的动机，探究职业锚理论能在多大程度上描述群体成员。如阿尔伯蒂尼发现管理者通常将管理能力作为职业锚，为他人服务也是部分管理者的职业锚类型；德隆研究了职业教育者的职业锚等。从 20 世纪 90 年代开始，了解新兴信息系统领域的职业锚概况成为研究重点。21 世纪以来，研究重点转为探究职业锚与人口统计学特征（如国籍、性别等）之间的关系，被研究的群体包括亚洲的会展行业人士、南非的女性学者和伊朗的软件工程师等。

②研究职业锚与工作成果的关系。这类研究主要围绕施恩提出的"职业锚会影响工作成果"的观点展开，大多是考察职业锚与具体工作成果及其他职业相关概念间关系的实证研究。如金与查、丹齐格与瓦伦西、苏卡尔与洛佩斯探究了职业锚与工作满意度的关系；伊格巴里亚与巴鲁迪、伊格巴里亚等人、韦伯与拉德金探究了职业锚与职业认同的关系；赫尔巴赫与米尼奥纳克探究了职业锚与性别歧视、女性主观职业成功的关系。

③职业锚理论的发展。这类研究试图发展和完善职业锚理论，而非用该理论解释一个群体的行为或另一个理论框架。例如，费尔德曼与博利诺对职业锚理论的后续发展作出了贡献。他们重新定义了职业锚的性质，详细阐述了其修正的职业锚理论的 15 个命题。后续学界对这两位学者理论命题的研究成了一个新的研究重点。

（2）实践层面。除了应用于学术研究，职业锚理论也被广泛应用于企业内部，成为很多企业帮助员工进行职业决策、规划职业生涯的必选工具。

对于员工的职业发展，管理者除了增加晋升机会、给予物质奖励等，更多功夫应花在了解及满足员工内在职业诉求上，既要学会提供资源，辅助员工探求其职业锚以加深自我了解，也要借助职业锚帮助员工进行职业决策、规划未来发展路径，有针对性地对其塑造培养。建立畅通有效的沟通渠道，对不同锚型的员工采取相应的培养方式。

第四节 大学阶段与个人职业生涯发展

大学，作为人生中的一个重要阶段，不仅是知识积累和技能提升的关键时期，更是个人职业生涯发展的起点和基石。在这个阶段，学生们不仅要学习专业知识，更要通过实践、社交和自我探索，逐步明确自己的职业方向，为未来的职业生涯打下坚实的基础。本文将从大学阶段的特点、个人职业生涯发展的重要性等方面，深入探讨大学阶段与个人职业生涯发展的关系。

一、大学阶段的特点

大学阶段是一个充满变化和挑战的时期。在这个阶段，学生们从高中时期的应试教育中解脱出来，开始接触更为广泛和深入的专业知识。大学教育注重培养学生的独立思考能力、创新能力和实践能力，为学生们提供了更多的自主学习和选择空间。

（一）知识体系的构建

大学课程涵盖了多个学科领域，学生们可以根据自己的兴趣和职业规划，选择适合自己的专业方向。通过系统学习，学生们可以构建起完整的知识体系，为未来的职业生涯提供坚实的理论基础。

（二）实践能力的培养

大学期间，学生们有机会参与各种实践活动，如实验、实习、社会实践等。这些实践活动不仅可以帮助学生们将理论知识转化为实际操作能力，还可以让他们在实践中发现问题、解决问题，提升综合素质。

（三）社交网络的拓展

大学是一个多元化的社交平台，学生们可以结识来自不同背景、不同专业的同学和教师。这些人际关系不仅为学生们提供了丰富的信息和资源，还可以帮助他们在未来的职业生涯中拓展人脉、寻求合作。

（四）自我认知的深化

大学阶段也是学生们自我认知的重要时期。通过参加各种社团、比赛、志愿服务等，学生们可以更加清晰地认识自己的兴趣、优势和不足，为未来的职业规划提供有力的依据。

二、个人职业生涯发展的重要性

个人职业生涯发展是指个人在职业生涯中不断成长、进步和实现自我价值。它对于个人的成长、家庭的幸福和社会的稳定都具有重要意义。

（一）实现自我价值

职业生涯是个人实现自我价值的重要途径。通过从事自己热爱、擅长的工作，个人可以获得成就感、满足感和幸福感，从而提高自己的生活质量。

（二）促进个人成长

职业生涯发展是一个不断学习和成长的过程。在工作中，个人需要不断适应新的环境、新的挑战，提升自己的专业技能和综合素质。这种成长不仅有助于个人在职场上取得更好的成绩，还可以为个人的全面发展提供有力的支持。

（三）推动社会进步

个人的职业生涯发展与社会进步息息相关。一个优秀的职业人才不仅可以为企业创造更多的价值，还可以为社会的发展贡献自己的力量。通过推动技术创新、产业升级和社会进步，个人可以实现自己与社会的共赢。

第五节　大学生职业生涯规划的原则和方法

一、大学生职业规划的原则

高校是人才的聚集地，为了满足社会对人才的要求，大多数高校纷纷开设大学生职业规划指导课程。为了保证这一课程的顺利开展，在课程制订与授课过程中要遵守其原则。

（一）以大学生为主体原则

高校应当积极引导大学生进行自我考察，根据大学生的素质特征，即大学生的兴趣爱好与价值取向，同时考虑用人制度与人才市场的现状，在关注学生的基础上制订契合大学生的职业发展目标与实施计划。

（二）以社会需求为导向原则

产业结构在不断调整，社会对职业岗位的要求也在不断变化，高校应时刻关注社会对职业的需求变化，引导大学生收集、分析相关职业信息，及时调整职业规划。

（三）符合大学生个性化需求原则

不同大学生所学专业不同、兴趣爱好不同，职业需求自然不同，因此，高校应因人而异，实事求是地指导大学生进行职业规划。

二、大学生职业规划的方法

（一）对学生进行全面的就业观、职业观教育

就当前的高校学生而言，学生对就业观、职业观并没有清楚的认识。当前，高校中有关就业观、职业观的课程数量很少，而且许多学生都表示自己从未接受过就业观教育。即使有这样的课程也只是浅显、空洞的说教，教师在课堂上一带而过，学生并不能对职业观、就业观有更深入的了解。因此，教师在为学生进行职业规划与指导之前，应先为学生树立正确的就业观和职业观，让学生们明白企业需要的是勤勤恳恳、愿意努力劳动的人才，而不是眼高手低、思想跳跃的初学者。学校应当开设就业观、职业观公开课，让学生对就业有一个初步的了解，对学生进行适当的职业规划指导。

（二）提高全体教师在就业规划和指导方面的专业素质

整体来说，高校教师的职业规划和指导能力还有待提高，对于职业规划教育课程的教师来说更是如此。学校也应当培养出更多能够为学生进行专业的职业规划指导教育的教师，让教师能够尽量照顾到每名学生，适时地对学生的职业规划和指导作出修正。但是目前的状况却是学校的许多职业规划与指导课程往往由其他教师或者是学校的行政岗人员担任，他们不具备专业的职业规划指导教育能力，对于学生的职业规划指导往往会出现较大偏差，既不利于学生日后的发展，也导致学生的专业知识与将来就业不对口。除此之外，在高校中，每名教师都应当具备一定的职业规划指导知识，能够在讲解专业课的同时根据实际情况适时地引入一些相关专业的就业问题，在潜移默化中让学生了解到就业方向，也能让学生提高对专业课的认识程度。

（三）根据社会实际需求对职业规划和指导课程进行调整

当今社会，随着科学技术的飞速发展，各种就业岗位也日新月异，甚至不断出现新的就业岗位。这都是高校为学生进行职业规划和指导时应当充分考虑的，这就要求学校的职业规划与指导教育不能一成不变，要根据时代的发展不断对其进行补充和升级。同时，职业规划指导教育的教师能够做到时刻关注各个职业岗位的动态变化情况，掌握各个专业将来的就业形势和就业前景，以此为指引，指导学生对自己的职业生涯规划进行调整。教师也应当鼓励学生参与专业实习，走进工作岗位，用自己的切身感受来正确地认识职业规划。另外，要因材施教，切不可对所有学生都进行同样形式、同样内容的教育，并及时对学校的职业规划教育体系进行更新调整。

第二章　自我认知

　　对自我进行认知是一件很重要的事情，不能正确自我认知的人是难以成功的。自我认知并不是简单地找出自己的优点和缺点，而是要深入地了解自己的需要，了解自己热爱的事物，了解自己的行为倾向等。只有进入自己内心深处甚至是潜意识的层面，才能找到自己的痛苦之源，找到突破的方向，产生积极的改变，从而获得职业生涯的成长。本章即对自我认知的相关知识进行简要研究。

自我认知

第一节　自我认知的内涵

一、自我认知的概念

　　自我认知是对自己各个方面的深入了解与再认识，是对自身资源进行整理与发掘的过程。自我认知帮助我们认识自己的心理动力、性格特征和价值观等，并把这些发现有机地融入未来的职业选择，引导我们走入职业生涯发展的快速通道。

二、自我认知的内容

　　自我认知的内容主要包括以下四方面。

（一）自我观察

　　自我观察是心理学的研究方法之一，是对自我所感所知、所思所想、情感、意向等内部经验感受的观察和分析。

（二）自我图式

自我图式是个体在以往经验基础上形成的对自我概括性的认识，能够组织和引导个体完成与自我有关的信息加工过程，个体会在自我图式的基础上加工形成与自我有关的信息。

（三）自我概念

自我概念是一个人对自身存在的体验，是对个体行为、能力和独特特征的自我认知，是自我心中"我是谁？"这一问题的答案。它是个体基于成长经验、自我反省和他人反馈，通过自我认知、判断和评价，收集和构建有关自己信息的过程，随着人们对自己想法的扩展而不断发展。

（四）自我评价

自我评价是个体对自身条件、知识、能力、素质、才能等各方面情况的自我判断，是对自己的综合评估，也是自我意识的一种形式。

第二节　兴趣认知与性格认知

一、兴趣认知

（一）兴趣的概念

兴趣是力求认识、探究某种事物或参加某项活动的心理倾向。我们通常所说的"喜欢做某事"其实就是兴趣的外在表现形式。兴趣以需要为基础，由对事物的认识和获得情绪体验上的满足而产生，是我们为从中获得乐趣而做事的心理倾向。

兴趣对我们参加的活动、学习的专业、选择的职业有导向性的影响。当我们的选择与兴趣一致时，便会感到愉悦；而当我们的选择与兴趣不匹配时，选择的积极性会大大降低。

需要注意的是，这里所说的兴趣并不局限于我们日常生活中的爱好，如唱歌、跳舞、打篮球等。总体来说，可以将兴趣分为有趣、乐趣和志趣三个层次。

1. 有趣

有趣短暂易逝，时而不稳，常与对某一事物的好奇感有关。随着好奇感的消失，兴趣也自然消减。比如，追某一部电视剧或者电影，随着放映的结束，这种兴趣也随即消失。

2. 乐趣

乐趣是在有趣定向发展的基础上形成的兴趣层次。这一阶段，兴趣会变得专业、深入。比如，原来只是觉得弹吉他很酷很帅的学生，在学习了一段时间之后逐渐喜欢上了吉他弹奏，一有时间就练习，并乐在其中。

3. 志趣

志趣与社会责任、理想、人生目标相关联，有社会性、自觉性和方向性，是取得成功的根本动力和保证。比如，有的学生特别喜欢打游戏，也非常擅长打游戏，还进入了国家队，以参加游戏竞赛、进行游戏内测、策划游戏开发为职业。

（二）兴趣的影响因素

兴趣受多种因素影响，主要包括以下四方面（表2-1）。

表2-1　兴趣的影响因素

影响因素	具体内容
家庭环境	家庭环境和家庭背景对职业兴趣的养成有直接的影响。如父母是教师，可能会使子女从小就对教师这一职业感兴趣，当然也可能会因为父母经常抱怨教师这一职业的艰辛而使子女对教师职业无法产生兴趣
受教育程度	受教育程度决定着个人知识与技能水平的高低，而知识与技能水平正是社会职业从客观上对从业人员的要求。因此，受教育程度是影响职业兴趣的重要因素。一般来说，个人学历层次越高，接受职业培训范围越广，其职业取向领域就越宽
个人需要与个性特征	兴趣是以个人需要为前提和基础的，人们的需要有物质需要、精神需要以及社会需要之分，因此人的兴趣也就有物质兴趣、精神兴趣之分。通常，人的物质需要是暂时的、容易满足的。而人的精神需要却是稳定的、持久的，是一直在追求并持续发展着的。需要指出的是，个人兴趣与爱好品位的高低还会受其个性特征优劣的影响
职业需求	职业需求是从个人角度来说的，它是指一个人对某种职业的渴求与欲望。而这种渴求与欲望正是促进一个人职业行为积极性的源泉。社会分工越来越细，新兴职业需求不断涌现，职业选择机会将会越来越多

（三）职业兴趣的概念

职业兴趣是人们对某种职业或者参与某种职业活动时所表现出来的特殊倾向。职业兴趣直接影响人们今后对待自己所从事职业的态度和取得成就的大小。把兴趣变成职业兴趣，其中最关键的要素就是要具备与兴趣相对应的职业能力，工作不能仅靠热情和爱好，也就是说，喜欢做的事不一定是擅长做的工作。与个人兴趣不同的是，职业兴趣还强调责任意识，它包括承担工作结果的责任、对家庭的责任以及社会责任感。这是兴趣与职业兴趣的本质区别，应该正确地认识到：

职业兴趣=兴趣+能力+责任

即职业兴趣是个人兴趣、能力和责任的集合体。

（四）六种职业兴趣类型

霍兰德将职业兴趣归纳为现实型（R）、研究型（I）、艺术型（A）、社会型（S）、企业型（E）和常规型（C）六种类型（表2-2）。

表 2-2　霍兰德职业兴趣类型

职业兴趣类型	相匹配的职业领域	特征
现实型	需要熟练技能方面的职业，动植物管理方面的职业，机械管理方面的职业，手工艺或机械修理、机械操作方面的职业等	1.实践操作能力强，手脚灵活、动作协调，更愿意使用工具、器械等从事操作性、集成性创新的工作 2.具备工匠精神，做事一丝不苟、精益求精，能执着专注于具体目标的实现，特别热衷于创造新的事物和解决当下问题 3.不善于交流沟通，对联络、管理和监督等不感兴趣
研究型	分析员、设计师、生物学家等	1.有独立思考的能力，愿意从事智力、抽象、逻辑思维、原创性的工作，对于探索前沿、未知领域有极大的热情 2.善于发现问题，喜欢逻辑分析和推理，能够通过思考和分析解决问题，喜欢有难度、有挑战性的工作 3.不善于交流沟通，不善于领导团队，对管理工作不感兴趣
艺术型	美术雕刻、工艺工作、舞蹈、戏剧等	1.个性鲜明，艺术想象力丰富，更愿意从事借助文字、声音、色彩等形式来表达创造力和美的艺术创作工作 2.情感细腻而复杂，做事追求完美且理想化，独立自主且个性鲜明 3.对结构化、程序化的工作不太喜欢，不喜欢管理人和被人管理
社会型	学校教育和社会教育、社会福利事业、医疗与保健、商品营销工作等	1.乐于从事与人打交道、为他人提供服务的工作 2.善于沟通交流，喜欢倾听和了解他人，会开导人，并乐于帮助他人成长 3.习惯以交流、协商、谈判等方式解决问题，善于通过调整人际关系来化解所面临的矛盾，对于技术复杂、操作性强的工作不感兴趣
企业型	商业管理者、律师、推销商、市场经理或销售经理、体育运动策划者、电视制片人和保险代理等	1.追求高水平收入，喜欢拥有权力、关系、地位，希望成就一番事业 2.通常精力充沛、热情、自信，具有冒险精神，能控制形势，善于表达和领导 3.他们大多会在政治或经济领域取得成就
常规型	会计、银行出纳、图书管理员、秘书、档案管理员、税务等	1.更愿意在一个大的机构中处于从属地位、跟随大流 2.大多具有细心、顺从、依赖、有序、有条理、有毅力、效率高等特征 3.他们多擅长文书或数据工作，通常会在商业事务性工作中取得成就

二、性格认知

（一）性格的概念

性格是个体对待周围事物的稳定态度，它由行为反映出来，是一种习惯化的行为方式。性格有个体差异性，但后天形成的社会性对其认知有重大影响，性格更多地体现了人格的社会属性。性格一旦形成便比较稳定，个体之间个性差异的核心是性格差异。

（二）性格的分类

根据不同的分类标准，可以将性格分为不同的类型。

1. 根据心理活动倾向性划分

瑞士心理学家荣格提出从心理活动倾向性上对性格进行划分，把人的性格分为外向型性格和内向型性格。

（1）外向型性格。外向型性格的人，心理活动倾向于外部，感情外露，待人接物果断，独立性强，但具有外向型性格的人也比较轻率。

（2）内向型性格。具有内向型性格的人，心理活动倾向于内部，对外界事物缺少关心和兴趣，感情比较深沉，待人接物也比较小心谨慎，处理事务缺乏决断力，然而内向型性格的人一旦对某件事下定决心总能锲而不舍。

2. 根据心理机能划分

按照理智、意志以及情绪三种心理机能中占优势的比例，将性格分为理智型、情感型以及意志型三种类型。

（1）理智型性格。理智型性格的人一般以理智来衡量与支配自己的行动，在与人交往的时候表现为明事理、讲道理。

（2）情感型性格。情感型性格的人一般情绪体验比较深，言行举止容易受到情绪的左右。

（3）意志型性格。意志型性格的人目标明确，意志坚定，主动作为，其行为活动指向性强、执行力强，为了实现目标能够坚守初心、始终如一。

（三）自我性格认知的方法——MBTI

迈尔斯·布里格斯性格类型测试量表，即 MBTI，全称为 Myers-Briggs Type Indicator。它是一种当今广泛应用的性格类型测试工具，是一种通过测量人们的心理偏好来区分人格类型的问卷调查表。这些偏好虽没有好坏之分，却形成了人与人之间的不同，使得这世界上的每一个人都有自己的特质。MBTI 用四维度偏好二分法来评估一个人的类型偏好，再将四个维度的两个方向组合起来，形成 16 种人格类型。每个人都可以根据 16 种人格类型找到属于自己的那一种。

1. MBTI 四个维度的解释（表 2-3 ～ 表 2-6）

表 2-3　第一个维度：能量倾向——注意力集中于何处

外向 （E）	1. 注意力集中于外部世界的人或事物，关注自己如何影响外部环境，善于与人打交道，喜欢行动和变化 2. 喜欢外出，表情丰富，外露，喜欢交互作用，合群 3. 喜动，追求多样性（不能长期坚持） 4. 不怕被打扰，喜自由沟通 5. 先讲然后想，易冲动，易后悔，易受他人影响
内向 （I）	1. 注意力和能量集中于自己的内心世界，从对思想、回忆和情感的反思中获得活力 2. 从时间中获得能量 3. 喜静，多思，冥想（离群、与外界相互误解） 4. 谨慎，不露表情 5. 具有社会行为的反射性（易失去机会） 6. 独立，负责，细致，周到，不蛮干 7. 不怕长时间做事，勤奋 8. 怕被打扰 9. 先想然后讲

表 2-4　第二个维度：接收信息——如何获得信息

感觉（S）	1. 关注由感觉器官获取的具体信息，喜欢收集实实在在的、确实已经出现的信息，对于周围所发生的事件观察入微，特别关注现实 2. 着眼于当前的实际情况 3. 关注真实、实际存在的事物，观察敏锐，并能记住细节 4. 擅长经过仔细周详的推理一步步得出结论 5. 相信自己的经验 6. 喜欢按部就班地做事 7. 善于记忆和与大量的事实打交道
直觉（N）	1. 关注事物的整体发展和变化趋势，喜欢看整个事件的全貌，关注事物之间的关联 2. 擅长发现新的挑战和可能性 3. 富有想象力和灵感，遵照自己的灵感和预感做事，不喜欢精确地计算时间 4. 喜欢学习新技能，但容易厌倦，可以迅速地、跳跃性地得出结论 5. 擅长通过第六感洞察世界，注重方法，比较笼统 6. 喜学新技能 7. 不重准确性，喜抽象和理论 8. 重可能性，讨厌细节 9. 志存高远，喜欢新问题 10. 凭喜好做事，对事情的态度易变 11. 善于提新见解，但仓促结论

表 2-5　第三个维度：处理信息——如何做出决定

思考（T）	1. 喜欢通过客观分析做决定，重视事物之间的逻辑关系，能够预见选择的逻辑结果。从分析和确认事件中的错误和解决问题中获得活力 2. 擅长分析，用逻辑客观方式做决策 3. 坚信自己的观点，不考虑他人的意见 4. 头脑清晰、正义，不喜欢调和主义 5. 工作中少表现出情感，也不喜欢他人感情用事
情感（F）	1. 喜欢考虑对自己和他人来说重要的事。会在头脑中将自己放在情境所牵涉的所有位置上并试图理解别人的感受，然后在此基础上根据自己的价值判断做出决定。珍重和谐，并能够为营造和谐的氛围而努力 2. 态度主观而综合，用个人化的、以价值为导向的方式做决策 3. 考虑决策对他人的影响 4. 和谐、宽容，喜欢调解 5. 不按照逻辑思考 6. 考虑环境 7. 喜欢工作场景中的情感，从赞美他人中得到享受，也希望得到他人的赞美

表 2-6　第四个维度：行动方式——如何与外界打交道

判断（J）	1. 喜欢按照计划，有条理地、按部就班地生活和做事 2. 喜欢终止辩论和做出决定，愿意进行管理和控制，希望问题能够得到解决 3. 封闭定向：结构化和组织化；时间导向，决断，事情都有正误之分；喜命令、控制，反应迅速，喜欢完成任务；不善于适应
知觉（P）	1. 喜欢以一种灵活、自发的方式生活，更愿意去体验和理解生活而不是控制生活。详细的计划或最终的决定会使他们感到被束缚 2. 愿意对新的信息和选择保持开放态度，直到最后一分钟 3. 开放定向：弹性化和自发化；探索开放结局；好奇，喜欢收集新信息而不喜欢做结论；喜欢观望，喜欢开始许多新的项目，但不完成；优柔寡断，易分散注意力

2.16 种人格类型及适合的领域（表 2-7）

表 2-7　16 种人格类型及适合的领域

16 种人格类型	适合的领域
ISTJ	工商业领域、政府机构、技术领域、金融银行业、医务领域等
ISFJ	医护领域、消费类商业领域、服务业领域等
INFJ	咨询、教育、科研、文化、艺术、设计领域等
INTJ	科研、科技应用、技术咨询、管理咨询、金融投资、创造性行业等
ISTP	技术领域、证券、金融业、贸易、商业、户外、运动、艺术领域等
ISFP	手工艺、艺术领域、医护领域、商业、服务业等
INFP	创造性、艺术类、教育、研究、咨询类等
INTP	计算机技术、理论研究、学术领域、专业领域、创造性领域等
ESTP	贸易、商业、某些特殊领域服务业、金融证券业、娱乐、体育、艺术领域等
ESFP	服务业、广告业、娱乐业、旅游业、社区服务等
ENFP	广告创意、广告撰稿人、市场营销和宣传策划、市场调研人员、艺术指导、公关专家、公司对外发言人等
ENTP	投资顾问、项目策划、投资银行、自我创业、市场营销、创造性领域、公共关系、政治领域等
ESTJ	无明显领域特征
ESFJ	无明显领域特征
ENFJ	培训、咨询、教育、新闻传播、公共关系、文化艺术领域等
ENTJ	工商业、政界、金融和投资领域、管理咨询、培训专业性领域等

第三节　能力认知与价值观认知

一、能力认知

（一）能力的概念

一般来说，能力是人顺利地完成某种活动所必须具备的心理特征。能力总是和人的某种活动相联系并表现在活动中，只有从一个人所完成的某种活动中才能看出他具有某种能力，离开了具体活动，能力就无法形成和表现。

人们习惯将能力分为一般能力和特殊能力两类（表 2-8）。

表 2-8　能力的分类

分类	具体内容
一般能力	一般能力是指各种活动普遍需要具备的能力，如记忆力、思维力、观察力、想象力、注意力等，这些基本能力构成综合稳定的个性心理特征，保证人们较容易和有效地掌握并运用知识，属于一般能力
特殊能力	特殊能力是指某种特定的活动特别需要具备的能力，如节奏感、色彩辨别能力等，属于特殊能力，它只在特殊活动领域内发挥作用

（二）职业能力认知

一个人如果不能很好地评估自己的能力，错误地选择职业，将无法发挥出自己的潜力，大学毕业生可以通过表2-9来认知自己的职业能力。

表2-9　职业能力类型及其特点

职业能力类型	特点
操作型职业能力	以操作能力为主，是运用专业知识或经验，掌握特定技术或工艺，并形成相应职业技能与技巧的能力
艺术型职业能力	以想象能力为核心，是运用艺术手段再现现实生活和塑造某种艺术形象的能力
经营型或管理型职业能力	以决策能力为核心，是能够广泛地获得信息，并以此独立地做出应变、决策或形成谋略的能力
社交型职业能力	以人际关系协调能力为核心，是深谙人情世故，能够掌握人际吸引规律，善于周旋、协调，且能使对方通力合作的能力
教育型职业能力	运用各种教育手段传授知识和思想或组织受教育者进行知识与态度学习的能力
科研型职业能力	以创造性思维为核心，是通过实验研究、社会调查和资料检索等手段进行新的综合、发明与发现的能力
服务型职业能力	以敏锐的社会知觉能力和人际关系协调能力为主，是借助人际交往或直接沟通使对方获得心理满足的能力

（三）不同能力类型的职业倾向

不同的人其能力结构与能力倾向是不同的，每个人拥有的技能也是不同的，有优势能力也有弱势能力。可以说，"通才"与"全才"是少有的，大多数人都只是在某个或某些方面能力突出。对照表2-10，可以得出不同能力的人所适合的职业。

表2-10　不同职业能力类型的职业倾向

职业能力类型	职业倾向
操作型职业能力	打字、驾驶汽车、种植、操纵机床、控制仪表等
艺术型职业能力	写作、绘画、演艺、美工等
经营型或管理型职业能力	经理、厂长等管理领域及各行业负责人
社交型职业能力	联络、洽谈、调解、采购等
教育型职业能力	教育、宣传、思想政治工作等
科研型职业能力	研究、技术革新与发明、理论研究等
服务型职业能力	商业、旅游业、服务业等

二、价值观认知

（一）价值观的概念

价值观是指一个人对周围客观事物的意义、重要性的总评价和总看法。价值观是我们在生活和工作中所看重的原则、标准和品质。价值观指向我们内心深处最重要的东西，它是强大的内在驱动力，是引导我们行为的方向，是自我激励的机制。价值观属于个性特征中最深层次的特质，起着核心作用。价值观无时无刻不在影响着我们每一个人，决定着我们的职业生涯。

（二）工作价值观量表（WVI）

舒伯曾经制定了工作价值观量表（WVI）用以衡量工作中和工作外的价值观以及寻找激励人们工作的目标。在大量试验和调查的基础上，舒伯总结出人们的工作价值观，并将其大体分为 13 种，每一种价值观都有对应的领域及职业，如表 2-11 所示。

表 2-11 舒伯总结出的工作价值观

工作价值观类型	适合的领域及职业
利他主义	重视利他的人适合在社会福利、公共教育、医疗卫生、环境保护、公共文化体育等行业领域，从事为他人或社会服务的相关工作，这些行业不论做什么职位，都可以直接或间接地帮助到他人，在奉献的同时，照亮了别人，也体现了自己
审美	重视美感的人适合从事与设计、创意、创作有关的工作，如产品设计、广告设计、界面设计、创意与策划、文艺创作与影视制作等职业。在行业方面，可以进入对创意、创作、设计有需求的行业，如产品设计、服装设计、建筑设计等；也可以进入其他行业中的市场或设计部门
智力刺激	重视智力刺激的人适合从事新技术研发、新产品设计、新问题探索等工作，因为"新"，所以会面临前所未有的新问题，只有通过勤学苦思才能解决，才可以满足智力开发的需要。在行业方面，适合进入以技术创新为主的新兴产业，如微电子、互联网、新材料、新金融、融媒体、新能源等
独立性	重视独立性的人比较适合的职业类型有客户代表、运营官、部门主管、教师或培训师等可以独立工作，能发挥自己专长的职业。他们比较适合在中小企业或创新团队中任职，如互联网公司、小型创业公司等，是担任决策者的合适人选。而层级分明的"高层—中层—基层"的金字塔组织，如大型国企、事业单位等并不适合，因为在其中需要考虑各方面的想法，而不能完全按照自己的方式行事
社会地位	重视社会地位的人比较适合从事社会主流认可的工作，比较适合的职业类型有公务员、大学老师、医生、大型企业员工等。适合的组织类型主要有政府机关、事业单位以及规模较大的公司等。适合的行业类型主要有金融、文化教育、互联网等
成就感	重视成就感的人适合从事业绩目标明确且具有可衡量性的工作，如市场开发、产品销售、生产制造、新产品研发等。从组织类型上看，民营企业、新兴的中小型创业公司会有更多的机会获得成就感，国有企业和事业单位不容易获得成就感
管理	重视管理的人比较适合从事与管理有关的工作，如在企业、行政事业单位的管理层任职，或担任项目主管、部门主管、单位领导等。在组织类型或行业方面并没有特殊的限制。除了在企业和事业单位就职，也可以考虑自己创业，由此实现充分展现自己管理才能的需求
社会交际	重视社会交际的人有很好的沟通协调能力，适合从事与人打交道的工作，如销售、推广、传播、公关、展会服务等。其工作要求是要与人接触，对行业没有特殊限制，不过公关、媒体、广告、会展等行业会有更多的机会与不同的人接触，可以重点关注这些行业
安全感	重视安全感的人适合进入政府机关、事业单位或者国有企业等单位，这些类型的组织机构有相对稳定的工作环境，能满足自己对安全感的需求。不适合进入小型民营企业或初创公司，因为这些公司所处的市场环境变化较快，工作节奏快，岗位竞争激烈，常带来紧张和不稳定感

工作价值观类型	适合的领域及职业
多样性	重视多样性的人适合从事有创造性的不重复枯燥的工作，如市场策划、互联网推广、广告宣传、创意设计等。在行业方面，比较适合进入新兴产业，如互联网、文化创意、新媒体、新能源、新材料等，这些产业刚刚兴起不久，不确定性、不稳定性十分突出，会让人觉得工作丰富而不单调；相反，一些传统行业工作流程相对固定，如制造业和服务业就不适合。从组织类型上看，民企或创业公司更能满足其对多样性的追求，而大型国企、政府、事业单位的工作相对较为稳定，流程相对固定，并不适合。值得注意的是，大多数职位在初级阶段都会经历重复枯燥的过程，当积累了一定经验之后，将会负责更多新的任务，工作就会变得丰富多彩起来
工作环境	重视工作环境的人适合从事行政管理类工作。这类工作具有标准化、流程化、周期性、常态化、规律性的特点，能满足对舒适性的要求；与业务直接关联的工作则不适合，因为业务部门的工作压力往往要大于支持部门。从组织类型上看，适合政府、企事业单位和各类社会组织等，这些组织的工作环境较好，软、硬件设施和办公条件较好，作息也比较规律，能满足对舒适的需要。一些大型互联网公司的工作环境也非常舒适，一定程度上能满足对舒适的需要。但是由于互联网公司项目需求变动频繁，工作压力较大，加班加点是常态，所以是否进入需要仔细权衡
经济报酬	重视经济报酬的人比较适合从事高收入、高回报的工作，典型的如各行业的产品销售、金融分析师、互联网从业人员等，这些职业可以在较短时间内获得较高的回报。从行业类型上看，适合进入有巨大市场的新兴产业，包括生物技术、互联网、金融保险、新媒体、医疗等
人际关系	重视人际关系的人应该关注年龄相近、教育背景类似、业务与专业对口的行业。比如可以重点考虑成员平均年龄与自己年龄相近、业务领域与专业对口的公司，在这样的组织中，同事之间年龄相仿，教育背景相同，更容易相处。一般的国企和事业单位不太适合，因为这些组织中人际关系相对复杂。从行业方面看，从事教育、传媒、公益等事业的人相对容易交往。值得注意的是，无论你在什么单位从事什么工作，要想在职业上取得成功，你都需要处理好人际关系，因此在选择职业时人际关系仅适合作为参考因素。处理人际关系是一门学问，也是一门艺术，而且是可以学习和培养的，一个能够处理好人际关系的个体，在哪儿工作都不是问题

第三章　专业认知与职业探索

第一节　专业认知与职业选择

在当今社会，随着教育体系的不断完善和职业市场的日益多元化，专业认知与职业选择成为每一个青年学子必须面对的重要课题。专业认知不仅关乎个人兴趣与潜能的挖掘，更影响着未来职业生涯的走向；而职业选择则是对个人价值观、能力水平及长远规划的全面考量。

一、专业认知

一名大学生在职业生涯规划课程作业中写道："我学的是社会学，但我想成为一名媒体记者。首先，我觉得社会学对媒体记者有一定的帮助。因为，社会学这一门学科最重要的是社会调查。在社会调查的过程中，培养了我与别人交往的能力和采访调查的能力，这对于新闻采访也有一定的帮助。其次，社会学对于个人的写作能力要求也很高，我在平时调查报告的撰写过程中提高了写作水平。但是社会学毕竟与新闻学相去甚远，因此自己需要花费一些时间学习新闻方面的知识，培养媒体记者所需要的能力。因此，我制订了如下计划：第一，每天写作，至少 500 字，写什么内容并不重要，关键是要坚持不懈地写；第二，坚持每天看新闻，至少细看 10 条新闻，将每天我认为重要的新闻事件记录下来。对一些持续发展、显著升级的新闻事件进行跟踪，既看事件的进展，也看媒体对事件报道的方法和步骤，从中体会新闻写作的一些规律；第三，坚持对同源性新闻进行对比，从中总结新闻采写的规律性内容。"

这名大学生的职业选择与他现在所学专业同属人文类，有一些共性的特点，而且社会学专业训练所提高的一些能力可以迁移到未来的媒体记者职业中。但媒体记者这样一个职业毕竟是离社会学较远的职业群，所以这名大学生要额外自学很多与媒体相关的知识，并主动提升媒体记者所需的能力。从中可以看到，大学生选择的职业群与所学专业越不相干，就越需要很强的自我学习能力和自我提高能力。

大学生在做职业生涯规划时，常把自己所学的专业作为一个非常重要的参考因素，这也是大家常常讨论的一个话题：找工作是否要专业对口。一般来讲，大学生上了四年大学，学习了某一个专业，都希望找到一个与专业对口的工作，或者说以对口的职业作为自己的生涯规划目标。这里需要提及一个重要的概念：职业群。职业群是指某一专业所对应的许多职业领域，比如，法律专业对应的职业群为律师、公务员、法律顾问、法律研究人员、法制专栏媒体记者等多个职业。大学生在规划职业生涯时，往往会在自己所学专业对应的职业群中选择职业，当然也存在大学生选择跟自己所学专业不够紧密的职业群。

通过这个活动，学生可以知道互联网的发展创造了许多新的职业群体，也涉及许多人和职业，这说明有很多专业和技能是互通的。因此，同一个专业可以从事多种职业，比如，机械设计专业毕业生，可以从事售前工程师、销售、助理等与人打交道的工作，也可以做研发等与概念相关的工作。因此，大学生应了解与自己专业相关的职业有哪些，学习专业知识的目的是更好地发展自己。

请用头脑风暴法列举出与互联网相关的尽可能多的职业，并将所有联想到的职业都记录在纸上，并尝试思考从中受到的启发。

二、专业认知对职业选择的影响

（一）明确职业方向

专业认知能够帮助个体清晰地认识到自己的专业特长和兴趣所在，从而更加准确地定位自己的职业方向。例如，一个对计算机科学有着浓厚兴趣和扎实基础的个体，在选择职业时，很可能会倾向于软件开发、网络安全、数据分析等与技术紧密相关的岗位。而一个热爱文学、擅长写作的个体，则可能更倾向于选择文案策划、编辑出版等职业路径。

（二）影响职业决策

在面临职业选择时，个体往往会综合考虑多种因素，如薪资待遇、工作环境、发展前景等。而专业认知作为其中一个重要考量维度，直接影响着个体的职业决策。一个对专业前景持乐观态度的个体，可能更愿意投身于该领域，即使短期内薪资待遇并不优厚。相反，如果一个个体对所学专业的未来发展持悲观态度，那么他可能会选择转行或从事与专业不相关的职业。

（三）塑造职业价值观

专业认知不仅影响着个体的职业选择和决策，还塑造着其职业价值观。一个对医学有着深刻理解的个体，可能会将救死扶伤、医者仁心作为自己的职业追求；而一个对艺术充满热情的个体，则可能将追求美的表达、创新创造作为自己的职业信念。这些职业价值观一旦形成，就会成为个体在职业生涯中不断前行的动力源泉。

（四）影响职业发展路径

专业认知还影响着个体的职业发展路径。一个对专业有着深刻理解的个体，能够更加清晰地认识到自己在职业发展中的优势和不足，从而制定出更加科学合理的职业规划。例如，一个深知自己在编程方面有天赋的个体，可能会选择不断精进自己的技术，成为行业内的技术专家；而一个善于沟通协调的个体，则可能会选择向管理岗位发展，成为团队的领导者。

三、如何通过提升专业认知来优化职业选择

（一）加强理论学习与实践相结合

理论学习是提升专业认知的基础。通过系统地学习专业知识，个体能够建立起对专业的初步认识。然而，单纯的理论学习往往是不够的，还需要与实践相结合。通过实验操作、课程实习、社会实践等活动，个体能够将所学知识运用到实际工作中，从而更加深入地理解专业的内涵和要求。这种理论与实践的结合，有助于个体形成更加全面、深入的专业认知。

（二）积极寻求行业内的交流与合作

与行业内的专业人士进行交流与合作，是提升专业认知的有效途径。通过与他们的互动，个体能够了解到行业的最新动态、发展趋势以及面临的挑战和机遇。这些信息对于个体形成更加准确、全面的专业认知至关重要。同时，通过与专业人士的合作，个体还能够获得宝贵的实践经验，进一步提升自己的专业素养。

（三）关注行业动态与市场需求

随着社会的快速发展，各行各业都在不断变化和调整。因此，个体在提升专业认知的过程中，还需要密切关注行业动态和市场需求。通过了解行业的发展趋势、市场需求的变化以及竞争对手的情况等信息，个体能够及时调整自己的职业规划和发展方向，以适应市场的变化。这种对市场的敏感性和适应性，是个体在职业生涯中取得成功的关键因素之一。

（四）培养批判性思维和创新能力

在提升专业认知的过程中，个体还需要注重培养批判性思维和创新能力。批判性思维能够帮助个体更加客观地分析和评价专业知识、技能以及行业的发展状况，从而避免盲目跟风和主观臆断。而创新能力则是推动个体在职业生涯中不断前行的重要动力。通过不断学习新知识、掌握新技能、探索新领域，个体能够不断拓宽自己的视野和思路，为职业发展注入新的活力和动力。

（五）进行自我反思与职业规划

在提升专业认知的过程中，个体还需要进行自我反思和职业规划。通过反思自己的学习过程、实践经验以及职业发展方向等信息，个体能够更加清晰地认识到自己的优势和不足，从而制定出更加科学合理的职业规划。这种自我反思和职业规划，有助于个体在职业生涯中保持清晰的头脑和明确的目标，不断向着自己的职业理想迈进。

第二节　职业环境分析

一、职业环境宏观分析

职业环境一般是指人才所处的职业群体形成的外部环境，而宏观职业环境是指人才所处的特定社会环境，包括人才所在国家或地域的政治、法律和伦理道德约束；同时还包括人才所在国家或地区实行的社会经济制度。社会宏观职业环境主要决定了人才发展的大方向。

（一）经济环境分析

1.经济形势

经济形势是指一个国家或地区的经济状况。它对职业环境有着深远的影响，包括以下四个方面。

（1）就业机会。经济形势的好坏直接影响就业机会的数量和质量。当经济形势好时，企业增加生产和服务，创造更多的就业机会。当经济形势不好时，企业减少生产和服务，甚至裁员以降低成本，导致失业率上升。

（2）薪资水平。经济形势的好坏也会影响薪资水平。当经济形势好时，企业为了留住和吸引优秀的员工，通常会提高薪资水平。当经济形势不好时，企业为了降低成本，可能会降低员工的薪资和福利。

（3）行业结构。经济形势的好坏还会影响不同行业的发展。当经济形势好时，一些新兴行业会蓬勃发展，创造更多的就业机会。当经济形势不好时，一些传统行业可能会遭受打击，导致就业机会减少。

（4）职业选择。经济形势的好坏还会影响人们的职业选择。当经济形势好时，人们更容易选择自己喜欢的职业，因为就业机会多，薪资水平高。当经济形势不好时，人们可能会选择不太喜欢的职业，因为就业机会少，竞争激烈。

2. 劳动力市场供求关系

劳动力市场供求关系是影响职业环境的一个重要因素。当市场上的工作机会增加，劳动力供给不足，职业环境通常会变得更加有利。相反，当工作机会减少，劳动力供给过剩时，职业环境可能会受到负面影响。

在一个供求平衡的劳动力市场中，劳动者和雇主之间的权力关系是相对平等的。这意味着劳动者可以更容易地找到工作，他们也更有可能获得更好的薪资和福利待遇。此外，雇主需要竞争性地提供更好的工作条件，以吸引和留住人才。

然而，在供给过剩的劳动力市场中，情况则完全不同。雇主会面临更多的选择，他们可以更容易地找到员工，这使他们可以更加挑剔，以找到更优秀的员工。同时，劳动者发现更难找到工作，他们可能不得不接受低薪或劣质工作，以满足生计。

总之，劳动力市场供求关系对职业环境有深远的影响。在一个供求平衡的市场中，劳动者和雇主之间的权力关系是相对平等的，这有利于创造更好的职业环境。相反，在供给过剩的市场中，雇主更有权力，劳动者则更加弱势，这可能会导致职业环境的恶化。

3. 经济发展水平

经济发展水平是一个国家或地区经济总体运行水平的衡量标准，包括国内生产总值、收入水平、就业率等多个方面。经济发展水平不仅对一个国家或地区的整体繁荣和稳定产生重要影响，也会直接影响职业环境。

（1）经济发展水平决定了就业机会的数量和质量。在经济发展水平较高的地区，企业和企业家更有信心扩大业务和招聘新员工。这就为求职者提供了更多的就业机会，同时提高了职业竞争力和薪资水平。然而，在经济发展水平较低的地区，就业机会相对较少，就业竞争激烈，薪资水平也相对较低。

（2）经济发展水平还会影响职业环境的稳定性和安全性。随着经济的快速发展，许多新兴产业和新型企业不断涌现，给职业环境带来了新的机遇和挑战。然而，这些新兴产业和企业也面临着许多风险和不确定性，如市场波动、竞争压力、政策变化等，这些都可能对职业环境的稳定性和安全性造成影响。

（3）经济发展水平还会影响职业教育和培训的数量和质量。在经济发展水平较高的地区，职业教育和培训资源相对丰富，从而为求职者提供了更多的学习机会和增值空间。而在经济发展水平较低的地区，职业教育和培训资源相对匮乏，职业技能培训和提升难度较大，从而影响了职业环境的整体素质和发展。

综上所述，经济发展水平是影响职业环境的重要因素之一。在经济发展水平较高的地区，职业机会更多、职业稳定性和安全性更高、职业教育和培训资源更为丰富，这为职场人士提供了更多的机会和优势。反之，在经济发展水平较低的地区，职业机会相对较少、职业稳定性和安全性较低、职业教育和培训资源相对匮乏，这给职场人士的职业发展带来了一定的压力和挑战。

（二）政治、法律环境分析

1. 政治环境

政治环境是指由国家政治制度、政治文化、政治稳定性等因素构成的总体环境。政治环境对于个人职业发展有着重要的影响。

（1）政治环境的稳定性对于个人职业发展具有重要意义。政治环境的不稳定会导致社会动荡和经济不稳定，这将直接影响个人的职业发展。例如，在战争或政治动荡时期，一些企业可能会面临倒闭或者调整业务，这将为从业者带来较大的职业风险。

（2）政治环境的发展趋势也会对个人职业发展产生影响。政治环境的变化可以导致某些行业的兴衰，而这些行业的兴衰将直接影响从业者的职业发展。例如，随着环保意识的增强，国家在许多政策上支持清洁能源行业的发展，这将为从事清洁能源行业的人带来更好的职业发展机会。

（3）政治环境对于个人职业发展的影响还体现在政策法规上。政府的政策和法规将直接影响企业和行业的发展和运营，从而影响从业者的职业发展。例如，政府出台的减税政策可以降低企业成本，促进企业的发展，这将为从业者带来更好的职业发展机会。

（4）政治环境对职业发展的影响还可以体现在国际合作与竞争上。不同国家的政治环境不同，这将直接影响各国企业之间的合作与竞争关系，从而影响从业者的职业发展机会。例如，国际贸易政策的变化会影响跨国公司的业务拓展和利润状况，从而影响从业者的职业发展。

（5）政治环境对于个人职业发展的影响还可以体现在教育领域上。政治环境的变化可能会导致教育政策的调整，从而影响各个行业所需要的人才素质和技能要求。因此，在职业发展过程中，不断学习和提升自身的素质和技能，以适应不断变化的政治环境和职业需求，是非常重要的。

总之，政治环境对于职业发展有着广泛而深刻的影响，个人在规划职业发展时需要全面考虑政治环境的各方面因素，以便更好地应对政治环境的变化，为个人的职业发展创造更多的机会和可能性。

2. 法律环境

在职业环境宏观分析中，法律环境是一个重要的因素。法律环境是指国家法律制度对于一个行业或职业的影响，包括法律政策、法规、案例等。

在职业发展过程中，法律环境的变化会对从业者的职业生涯产生影响。以下是六个常见的法律环境因素。

（1）法规和政策。政府制定的法规和政策对职业发展具有重要的影响。例如，某些职业需要取得相关的执照或证书才能从事，政府的法规和政策会对取证流程、条件、费用等方面进行规定。此外，政府还会制定职业标准、行业规范等，对从业者的职业发展产生影响。

（2）劳动法。劳动法是指国家基于劳动者权益的保护和劳动关系的调整所制定的法律。劳动法对于职业发展有三方面的影响。

①对于劳动者的权益进行保护，如工资、休假、工作时间等，从而使从业者拥有更好的职业保障。

②规定劳动关系的基本原则和制度，如劳动合同、劳动争议解决等，从而使从业者有明确的法律依据。

③对于职业发展的限制和保护，如童工、女工、老工人等劳动者的保护。

（3）行业标准。行业标准是指行业组织或政府制定的对于产品、服务、技术等的规范和要求。行业标准对于从业者的职业发展也具有很大的影响。

①行业标准规定了从业者的职业技能和素质要求，从而对从业者的职业发展提出了更高的要求。

②行业标准规定了从业者的职业行为准则，使从业者在职业发展中有明确的行为规范。

（4）诉讼和仲裁。在职业发展过程中，有时候会发生职业纠纷和争议。此时，诉讼和仲裁是解决纠纷的两种常用方式。不同的地区和行业对于诉讼和仲裁的规定不同，从业者需要了解相关的法律法规和程序，以更好地维护自己的权益。

（5）知识产权。知识产权是指人们的智力成果所享有的权利，包括专利、商标、著作权等。在职业发展中，知识产权的保护对于从业者的职业发展具有重要的影响。从业者需要了解相关的知识产权法律法规，遵守知识产权的相关规定，以保护自己的知识产权和避免损害他人的权益。

（6）税收政策。税收政策是国家对于税收的征收和使用所制定的政策和规定。税收政策对于从业者的职业发展也具有重要的影响。从业者需要了解自己所在行业的税收政策，合理规划自己的财务和税务，以避免税收问题带来的不良影响。

综上所述，宏观职业环境中的法律环境因素对于从业者的职业发展具有重要的影响。从业者需要了解和遵守相关的法律法规和行业标准，了解相关的诉讼和仲裁程序，注意知识产权保护和税收政策规定，以确保职业发展的顺利和稳定。

（三）文化环境分析

在职业环境宏观分析中，文化环境是一个重要的因素。文化环境可以影响一个行业的发展，影响员工的态度和行为，并影响公司的决策和战略。

以下是文化环境在职业环境宏观分析中的三个方面。

1. 社会价值观的影响

社会价值观是指人们对于"好"和"坏"；"对"和"错"的认知和评价准则。社会价值观的不同，会对职业环境产生不同的影响。例如，在一个强调个人利益的社会中，员工可能更倾向于追求自己的利益，而不是公司的利益。

2. 文化差异的影响

不同的文化背景、信仰和习惯，会对员工的态度和行为产生影响。例如，在一些国家，员工对于公司的忠诚度和服从度会更强，而在另一些国家，员工更注重自己的创造力和自主性。

3. 多元文化的影响

随着全球化的发展，许多公司都变得越来越多元化。这种多元化可能涉及不同种族、文化和信仰。在这种情况下，公司需要创造一个文化融合的环境，并且尊重不同背景的员工。

综上所述，文化环境是职业环境宏观分析中的重要因素之一。公司需要了解文化差异的影响，并且采取措施来创造一个文化融合的环境，以促进员工的发展和公司的成功。

（四）价值观念分析

人们生活在社会环境中，会受到社会价值观的影响。一个人思想的成长和成熟，很大程度上是接受社会价值观的过程。社会价值观会影响个人的职业发展。因此，个人在制定职业生涯规划时，应当坚持积极进取的正确价值观，接受社会上积极向上的价值观念。

二、职业环境中观分析

（一）行业环境分析

行业是指从事国民经济中同性质的生产或其他经济社会活动的经营单位和个体等构成的组织结构体系，如林业、汽车业、银行业、房地产业等。

行业环境分析包括对目前从事或拟从事的目标行业的环境分析。其内容应包括行业的发展状况，国际、国内重大事件对该行业的影响，目前行业的优势与问题、发展趋势等。

在分析行业环境时，首先要结合社会大环境的发展趋势。科学技术的飞速发展，会使某些行业如同夕阳坠落，逐渐萎缩、消亡；同时也有许多极具发展前途的"朝阳"行业不断出现、发展起来。其次要注意国家政策的影响，要了解国家对某一行业是支持、鼓励和引导的，还是限制、控制和制约的。要尽量选择那些有前景、发展空间较大的行业。例如，我国近年来狠抓环境保护，推行可持续发展战略，保护生物多样性，在农业生产中控制化学制品的使用，开发"绿色食品"等，使环境保护产业如初生朝阳，充满生机，促进环保设备生产、环保技术咨询等行业迅速发展，提供了大量就业岗位。而这时如果不了解情况，为了一时利益，盲目进入那些污染后果严重的行业谋职，必将会给自己的职业生涯造成严重的不良后果。

行业环境分析的主要内容包括以下六个方面。

1. 行业现状及发展趋势

行业现状是分析行业环境的重要方面。行业现状包括了行业的市场规模、市场份额、行业增长率等。同时，分析行业现状还需要考虑到行业的特点和行业的竞争状况等。在行业现状的基础上，我们还需要分析行业的发展趋势。行业发展趋势分析是指分析行业未来的发展方向、趋势以及面临的挑战等。分析行业的发展趋势可以帮助我们更好地了解行业未来的发展方向，为企业的决策提供参考。

2. 行业人才需求状况

行业人才需求状况是指分析行业的人才需求情况，包括行业的人才结构、人才缺口等方面。分析行业人才需求状况可以帮助我们了解行业的发展方向，为企业的人才招聘和培养提供参考。

3. 行业的社会评价与社会声望

行业的社会评价与社会声望包括行业在社会中的地位和影响力等方面。行业的社会评价与社会声望直接反映了行业的形象和信誉度。对于企业来说，了解行业的社会评价和声望，可以帮助企业更好地把握市场机会，提高企业的品牌价值和美誉度。

4. 行业代表人物

行业代表人物是指代表行业的知名人物或领袖人物。行业代表人物通常是在行业中具有广泛影响力和知名度的人物。想要了解行业的发展趋势和行业的未来走向，了解行业代表人物的观点和看法是非常重要的。

5. 行业规范及标准

行业规范及标准是指行业内相关的法律法规、规范性文件、技术标准等方面的内容。行业规范及标准是指导行业发展和保障行业质量的重要依据。对于企业来说，了解行业规范及标准，是企业顺应行业发展、提高企业质量的重要保障。

6. 行业知名企业名录

行业知名企业名录是指行业内具有广泛影响力和知名度的企业名单。了解行业知名企业，可以帮助我们了解行业的发展状况和企业的竞争情况。同时，了解行业知名企业的发展经验和成功之道，也可以为企业的发展提供借鉴和启示。

以上是行业环境分析的主要内容，通过全面深入地了解行业的现状及发展趋势、人才需求状况、社会评价与声望、代表人物、规范及标准以及知名企业名录等，可以帮助企业更好地把握市场机会，制定科学的发展战略，提高企业的竞争力和市场占有率。

（二）地域环境分析

地域环境，主要是指有就业意向地区的行业、生活、人才、人文等影响职业生涯发展的客观环境因素。地域环境分析，主要包括以下两个方面：一是基础性的综合环境，具体包括人才环境、生活环境等；二是个人的意向行业在不同地域已有的发展水平及其在不同地域尚未挖掘出来的发展潜力。

1. 人才环境

了解当地的人才密集程度和主要类型，了解人才的基本供求关系，比如当地人才的需求状况，包括数量、要求、类型以及薪酬等。人才集中的地方，竞争更为激烈，但会带给你更快的职业发展。

2. 发展机会

要了解当地的经济支柱和未来发展规划，了解该地的行业发展潜力，以结合自身实际和职业发展规划，判断自己的发展机会和发展潜力。

无论是大都市还是小城镇，人才结构都呈金字塔形，高端人才少；人才分布则呈山地形，有的地方人才多，是高地，有的地方人才少，是平地。东北全面振兴、西部大开发和中部地区崛起对中高级人才的需求量都非常大，在进行职业规划时，毕业生可客观地分析自己，不必拘泥于传统的地域限制，而应选择一个适合自己发展的平台，寻找更广阔的发展空间。

三、职业环境微观分析

（一）组织环境分析

在职业环境分析中，组织环境分析是不可缺少的一部分，如组织结构：组织的结构对于组织的运作和管理有着至关重要的作用。需要关注组织的层级结构、权力结构、部门设置等方面。组织文化：组织文化是指组织内部的共同价值观、信仰和行为准则。需要关注组织的价值观、文化特点、文化氛围等方面。人力资源：人力资源是组织内部重要的资源之一。需要关注组织的员工素质、员工数量、员工流动性等方面。技术水平：技术水平对于组织的发展和竞争力有着重要的影响。需要关注组织的技术水平、技术创新能力等方面。

组织环境分析主要包括以下四个方面。

1.组织状况

企业的规模是影响其管理职业程度的一个重要因素。与小型企业相比，大型企业通常拥有更多的管理层级和更高的管理职业，因为大型企业需要更多的管理层级来协调不同部门之间的工作，并确保企业高效地运营。

（1）组织结构也直接决定了组织所属岗位的分布情况。不同的企业组织结构会产生不同的管理职业，例如，功能型组织结构通常会产生更多的专业技术人员，而项目型组织结构则会产生更多的项目经理。

（2）不同类型的企业对员工具有不同的要求。例如，高科技企业通常需要更多的技术人员，而服务型企业则需要更多的客户服务代表。因此，企业管理职业的种类和数量也会因公司的类型而异。

（3）企业的发展目标也是影响管理职业的因素之一。企业的发展目标决定了生产经营活动的方向，还影响着人员的安排。例如，如果一个企业的目标是扩大市场份额，那么它可能需要更多的销售和营销人员来实现这个目标。

（4）企业规模的扩大、产品结构的调整、采用新的生产工艺等，都会影响人力资源的层次、结构和数量的变化。企业规模的扩大可能会需要更多的管理职业和更多的员工，而产品结构的调整和新的生产工艺可能需要更多的技术人员。

2. 人力资源管理现状

随着社会的发展，企业越来越重视人力资源管理的重要性，这也越来越成为企业发展的核心竞争力之一。人力资源管理的现状对个体职业发展产生了深远的影响，本文将从以下六个方面进行探讨。

（1）岗位匹配度。人力资源管理对个体职业发展的影响之一是岗位匹配度。在现代企业中，岗位匹配度是一个不可忽视的问题。如果个体所从事的工作与其专业技能和职业规划不符，那么他们的职业发展将会受到极大的影响。因此，人力资源管理需要通过有效的招聘、培训和晋升等方式，确保员工的岗位匹配度。

（2）培训与发展机会。人力资源管理对个体职业发展的影响之二是培训与发展机会。现代企业需要不断提高员工的专业技能和职业素养，以适应市场变化和企业发展的需要。因此，人力资源管理需要提供各种培训和发展机会，帮助员工不断提升自己的能力和水平。

（3）薪酬与福利。人力资源管理对个体职业发展的影响之三是薪酬与福利。薪酬和福利是企业吸引和留住人才的重要手段，也是员工对企业认同感和归属感的体现。因此，人力资源管理需要提供公平合理的薪酬和福利，激励员工积极进取和创新。

（4）工作环境与文化。人力资源管理对个体职业发展的影响之四是工作环境与文化。现代企业需要营造良好的工作环境和文化氛围，以提高员工的工作满意度和归属感。因此，人力资源管理需要关注员工的工作环境和文化需求，提供良好的工作条件和文化氛围。

（5）绩效考核。人力资源管理对个体职业发展的影响之五是绩效考核。现代企业需要通过绩效考核评估员工的工作表现和业绩，以此激励员工积极进取和创新。因此，人力资源管理需要制定公平合理的绩效考核机制，为员工提供公平的晋升和奖励机会。

（6）职业规划与发展。人力资源管理对个体职业发展的影响之六是职业规划与发展。现代企业需要为员工提供清晰的职业规划和发展路径，以激发员工的职业热情和创新精神。因此，人力资源管理需要制定科学合理的职业规划和发展机制，为员工提供广阔的发展空间和成长机会。

3. 管理人员的支持

企业文化和管理模式是反映领导人品质和价值观念的重要指标。一家公司的运营哲学，往往是由企业家的管理理念所决定的。因此，企业领导人应该注重对员工的职业发展，从而创造更大的价值和财富。

（1）企业文化反映领导人的品质和价值观。企业文化是一家公司的精神和行为准则，是由领导人所创造的。领导人的品质和价值观念对企业文化的塑造起着重要作用。如果领导人注重员工的职业发展和生活，那么这家公司的企业文化一定会倡导关注员工、关爱员工。相反，如果领导人只关注公司的利润和业绩，而忽略了员工的职业发展和福利，那么这家公司的企业文化就很可能是冷漠和利己主义的。

（2）管理模式反映领导人的品质和价值观。管理模式是企业家对公司运营的总体安排，也是对领导人品质和价值观的反映。管理模式通常包括领导风格、员工培训、绩效考核等方面。如果领导人采用民主式的领导风格，鼓励员工的创新和自主性，那么员工就会感受到尊重和关注。相反，如果领导人采用专制式的领导风格，强制员工服从，那么公司的管理模式就会变得僵化和失去活力。

（3）企业领导人应该注重员工的职业发展。企业领导人应该注重员工的职业发展，为员工提供更多的培训和成长机会，从而提升员工的专业素养和综合能力。如果员工感到自己在公司的职业前景受阻，那么他们就会失去对公司的忠诚度和工作积极性。相反，如果企业领导人注重员工的职业发展，为员工提供更好的福利待遇和工作环境，那么员工就会感受到公司的关怀和尊重，从而更加积极地为公司创造价值和财富。

4.组织文化

组织文化会影响企业如何看待他们的员工，员工职业生涯的发展也受组织文化的影响。企业的管理模式对员工的发展有重要影响，支持员工参与管理的企业可以给予员工更多的发展机会，富有挑战意识的员工也更容易在这种企业得到重用。企业文化对经营效益有重大影响，若员工的价值观和企业文化存在冲突，不能适应企业文化，那么其在企业的发展前景也会受到影响。因此，在制定职业生涯规划时，应该考虑企业文化，尽量避免与企业文化发生冲突，这是职场人士发展过程中要遵循的原则。

（二）岗位环境分析

1.岗位环境分析的内容

岗位环境分析是指对某一特定岗位的工作环境进行全面、系统、深入的分析和评估。其目的是全面了解该岗位的特点、职责、要求以及所处的内部和外部环境，为招聘、培训、评估等管理决策提供科学依据。岗位环境分析的内容主要包括以下五个方面：

（1）岗位职责。对岗位的职责进行详细的描述和分析，包括工作任务、业务范围、工作流程、工作目标等方面。通过分析岗位职责，可以了解该岗位在组织中所处的位置和作用，以及需要具备的能力和素质。

（2）岗位要求。对岗位的要求进行详细的描述和分析，包括学历、专业、工作经验、技能、能力等方面。通过分析岗位要求，可以了解该岗位所需要的人才类型和素质特点，为招聘和培养人才提供依据。

（3）岗位特点。对岗位的特点进行详细的描述和分析，包括工作性质、工作环境、工作压力、工作时段等方面。通过分析岗位特点，可以了解该岗位的工作条件和工作要求，为评估工作绩效提供依据。

（4）内部环境。对岗位所处的内部环境进行详细的描述和分析，包括组织结构、人员构成、管理制度、文化氛围等方面。通过分析内部环境，可以了解该岗位所处的组织文化和管理模式，为制定管理策略提供依据。

（5）外部环境。对岗位所处的外部环境进行详细的描述和分析，包括产业环境、市场环境、政策环境、竞争环境等方面。通过分析外部环境，可以了解该岗位所处的市场竞争情况和发展趋势，为制定战略决策提供依据。

以上就是岗位环境分析的主要内容，通过对各方面的分析和评估，可以全面了解岗位的特点和要求，为有效管理和运营提供依据和支持。为收集这些用于岗位分析的信息，一般采用访谈法、问卷调查法、观察法、关键事件法、见习日志法等。

2. 岗位环境分析的方法

（1）访谈法。岗位环境分析是为了更好地了解一个岗位所处的环境和所需要具备的技能、经验等要求，以便更好地招聘和培养人才。其中，访谈法是一种常用的岗位环境分析方法。

访谈法是指通过与相关岗位的员工进行交谈，了解他们的工作职责、工作内容、工作环境等方面的信息，以更好地了解该岗位的具体情况。具体而言，访谈法可以通过以下步骤来实施。

①确定访谈对象。根据需要分析的岗位类型，选择相关的员工作为访谈对象，通常选择在该岗位工作时间较长、工作表现较好的员工。

②制订访谈计划。制订访谈的时间、地点、方式等，以及列出需要了解的问题清单，保证访谈的全面性和有针对性。

③进行访谈。在访谈中，应当注意询问开放性问题，让员工自由发言，同时可以适当引导员工关注访谈的重点和目的。

④分析访谈结果。根据访谈的结果，对该岗位的工作职责、工作内容、工作环境等方面进行分析，以便更好地了解该岗位的具体情况。

综上所述，访谈法是一种常用的岗位环境分析方法，通过与相关岗位的员工进行交谈，了解他们的工作职责、工作内容、工作环境等方面的信息，以更好地了解该岗位的具体情况。

（2）问卷调查法。岗位环境分析是评估职位环境的过程，选择合适的方法进行岗位环境分析是非常重要的，其中一种常用的方法是问卷调查法。

问卷调查法是通过向员工、管理层和其他相关方面发送调查问卷，以了解其对职位环境的看法、感受和经验。以下是该方法的具体步骤：

①设计调查问卷。设计一份包含有关岗位环境的问题的问卷。问题应该覆盖与岗位环境相关的各个方面，如工作条件、工作负担、工作内容等。

②选择受访者。选择受访者，他们应该有足够的经验和知识，可以提供有用的反馈。除了员工和管理层，还可以向客户或供应商发送问卷。

③发送问卷。将设计好的问卷发送给受访者。问卷可以通过电子邮件、在线调查网站或纸质邮寄的方式发送。

④收集和分析数据。收集完问卷后，对数据进行分析。这将提供有关岗位环境的信息，以便进行改进和调整。

问卷调查法是一种可靠的方法，因为它可以提供来自不同方面的反馈。这使它成为评估岗位环境的重要工具之一。

（3）观察法。观察法是指通过直接观察岗位周围的环境来了解该岗位所处环境的特点，进而对该岗位的工作内容、工作方式等做出合理分析。具体方法如下。

①观察岗位的周围环境。包括岗位所处的地理位置、周边的人流、车流等情况。

②观察岗位的设施。包括岗位内外的设施、器材、物品等。

③观察岗位的工作内容。包括岗位的工作内容、工作方式、工作强度等。

④观察岗位的工作条件。包括岗位的工作时间、休息时间、工作环境等。

（4）关键事件法。关键事件法是一种评估员工绩效的方法，旨在通过邀请岗位工作人员或其他有关人员描述能反映其绩效好坏的"关键事件"，从而对岗位工作进行全面评估。以下是关键事件描述的要点。

①描述关键事件的步骤。

A.确定关键事件的时间段。关键事件应该是在过去一段时间内发生的，时间段应该明确并且易于回忆。

B.确定与工作任务相关的关键事件。关键事件应该与工作任务有关，并对其产生显著的影响。这些事件可以是成功的，也可以是失败的。

C.描述事件的具体情况。在描述事件时，应该提供尽可能详细的信息，包括事件的背景、原因、结果以及员工在其中扮演的角色。

D.归纳分类。将事件按照一定的分类方式进行归纳，以便更好地理解员工的工作表现。

②关键事件的描述内容。

A.事件的背景。描述事件发生的时间、地点、相关人员等基本情况。

B.事件的原因。描述事件发生的原因，可以包括员工的行为、外部因素、公司政策等。

C.事件的结果。描述事件的结果，包括好的或坏的结果，以及员工是如何应对的。

D.员工的角色。描述员工在事件中所扮演的角色，以及员工的行为是否符合公司的期望。

（5）见习日志法。在职场中，我们通常需要记录自己的工作内容和进展情况，以便更好地了解自己的工作状况和进步情况。而对大学生来说，更需要一个有效的方式来记录自己的工作内容，以便更好地了解自己的岗位工作内容和进步情况。见习日志法便是一种非常有效的记录见习日志或工作笔记的方式。

见习日志法是一种记录自己工作内容和进展情况的工作方式，可以是笔记、电子文档或其他形式。通过记录自己的工作内容，可以更清晰地了解岗位的具体工作内容，帮助自己更好地适应岗位要求。

见习日志法的实践方法包括以下四个方面：

①确定日志记录的内容。在实践见习日志法前，需要明确记录的内容，包括工作内容、进度、心得体会等。这些内容可以根据个人需要和岗位要求进行调整。

②确定日志记录的形式。日志记录的形式可以是笔记、电子文档或其他形式，需要根据自己的习惯和工作环境进行调整。

③确定日志记录的时间。日志记录的时间可以是每日、每周、每月等，需要根据自己的工作情况和个人需要进行调整。一般来说，每日记录可以更及时地了解自己的工作进度和状态，每周记录可以更好地总结自己的工作成果和不足，每月记录可以更好地了解自己的工作方向和目标。

④确定日志记录的方式。日志记录的方式可以是文字、图片、视频或其他形式，需要根据自己的习惯和工作环境进行调整。一般来说，文字记录可以更清晰地反映自己的工作内容和心得体会，图片和视频记录可以更好地展示自己的工作成果和经验。

第三节 职业探索理论方法

一、职业探索的理论研究

自 20 世纪 60 年代初期开始，职业探索理论的视角开始发生了改变，由原本仅仅被视作与外部环境探索有关的观点演变成为在职业生涯管理理论中广泛出现的概念，并受到研究者们以多种不同的视角进行解读和分析。

第一种观点是源自职业选择和社会学习的相关理论，即职业探索。职业探索被视为个人在职业选择和决策过程中进行外部信息获取和验证的行为，并将其作为解决职业问题的方式。正如克朗伯兹所提出的，职业探索是一种收集有关专业技能、工作性质和环境的信息以降低职业选择的不确定性的行为。

第二种观点是源自职业决策的相关理论，认为职业探索是职业决策的关键步骤，包含确定、评估的可能性以及搜集信息的行动。盖拉特等人认为，职业探索是重要的，需要利用多种探索活动来了解自身兴趣、能力和职业世界，以实现与工作的平衡统一。

第三种观点是源自职业发展的阶段理论，认为职业探索是一个十分重要的成长期，从 14 ~ 24 岁，在个体成长过程中要完成形成、特别化以及实施选择的职业任务。生涯发展理论从宏观角度探究构建职业，并将它视为演变、回环和重复的步骤，既处于宏观的循环，也处于每个循环的微环境之中。根据金斯伯格的观点，在职业探索的阶段，个体的职业选择尚处于模糊状态，而在能力期，便有可能认清其工作能力与职业的关系。

舒伯等人将职业发展划分为五个阶段：成长期、探索期、建立期、维持期和衰退期，其中职业探索是其中的一个重要步骤，是个体有目的地、有意识地不断加强对自身和外部环境的认知与了解的行为活动。在此阶段，尽管职业目标尚未确定，但是职业选择的范围正在变得越来越窄。时间上，职业探索可以分为实验期、过渡期和尝试期。实验期，个体会考虑自身的兴趣、能力、职业社会价值以及就业机会，进行择业尝试，常采用讨论、工作、选课等方式进行实践。过渡期，青年们正式进入劳动力市场或是进入培训机构，努力完善自身对职业的认知。而尝试期，个体已经选定了一项适合自身特质的工作，开始从事并将其视作自己的终身事业。

第四种观点是将职业探索视为一个终生的过程，贯穿于职业学习和发展的整个周期。

通过对这四种不同的观点和内涵的界定，可以清晰地展示出职业探索概念的演变历程，而且二者之间也是互补的。

学者普遍认为，职业探索是一个复杂的心理过程，它包括寻求信息、认识自我以及了解社会环境，期望实现职业目标。这种探索活动涉及个体在外部和内部动机的驱使下，对过去和当前的经历进行解释和重构，并将其延伸到未来的一系列认知与情感活动。和普通探索活动不同，职业探索的目的是实现职业目标。

二、职业探索的主要任务

（一）职业描述

在职业探索过程中，了解职业的特点和要求是非常重要的。职业描述是一种介绍职业的文本，可以帮助求职者更好地了解职业的工作内容、工作环境、工作要求等方面的信息。以下是职业描述的主要任务。

1. 描述工作内容

职业描述要介绍职业的具体工作内容，包括工作的主要任务、工作的具体流程和操作方式等。这可以帮助求职者了解职业的具体工作内容，判断自己是否适合从事这个职业。

2. 描述工作环境

职业描述也应该介绍职业的工作环境，包括工作场所、工作时间、工作压力等方面的信息。这可以帮助求职者了解职业的工作环境是否符合自己的期望和能力。

3. 描述工作要求

职业描述还应该介绍职业的工作要求，包括对学历、工作经验、技能和能力等方面的要求。这可以帮助求职者了解自己是否符合从事这个职业的要求，以及有哪些方面还需要提升。

总之，职业描述是职业探索过程中非常重要的一个环节，通过深入了解职业的特点和要求，可以帮助求职者选择更适合自己的职业，为未来的职业发展打下坚实的基础。

（二）职业的核心工作内容

职业的核心工作内容指的是该职业中最重要、最基本的工作内容。例如，医生的核心工作内容是诊断和治疗患者；教师的核心工作内容是教授知识和引导学生发展。

了解职业的核心工作内容有以下三个好处：

（1）帮助求职者了解职业是否适合自己。如果职业的核心工作内容与自己的兴趣、能力和价值观不符合，那么这个职业可能不适合自己。

（2）帮助求职者了解职业的职责和要求。了解职业的核心工作内容可以帮助你了解该职业的职责和要求，从而更好地准备自己。

（3）帮助求职者了解职业的发展方向。职业的核心工作内容通常是该职业的基础，了解核心工作内容可以帮助你了解该职业的发展方向。

（三）职业的发展前景及其对社会和生活的影响和作用

职业探索是指通过对自己的认识、对职业的了解和探索，确定适合自己的职业方向和发展目标的过程。职业探索的主要任务是了解不同职业的发展前景，以及这些职业对社会和生活的影响和作用。

1. 职业探索需要了解不同职业的发展前景

随着社会的发展和进步，不同职业的需求和市场情况也在不断变化。因此，了解职业的发展前景可以帮助我们做出正确的职业选择，避免进入一个没有发展前途的职业领域。此外，了解职业的发展前景也可以帮助我们规划职业发展的方向和目标，从而更好地实现个人职业的发展和成长。

2. 职业探索需要了解不同职业对社会和生活的影响和作用

职业是社会分工的体现，不同职业所承担的责任和作用也不同。因此，了解不同职业对社会和生活的影响和作用可以帮助我们更好地认识职业的重要性和意义，从而更加珍惜自己的职业，并为社会和他人作出更多的贡献。

总之，职业探索是一个非常重要的过程，它可以帮助我们找到适合自己的职业，实现个人职业的发展和成长，同时可以让我们更好地认识职业的重要性和意义，为社会和他人作出更多的贡献。因此，我们应该积极地进行职业探索，从而找到适合自己的职业方向和发展目标。

（四）薪资待遇及潜在收入空间

在职业探索的过程中，薪资待遇和潜在收入空间是非常重要的考虑因素。无论是选择一个新职位还是决定要在当前职业中发展，了解薪资待遇和潜在的收入空间是非常重要的。

（1）薪资待遇是一个人在职业中获得的实际收入。这包括基本工资、奖金、津贴等。对许多人来说，薪资待遇是选择一个职业的决定性因素之一。因此，在职业探索的过程中，了解不同职业的薪资待遇是非常重要的。

（2）潜在的收入空间是指一个人在职业中可能获得的未来收入增长。这可以通过升职、工作经验和技能的提高以及行业和市场的变化来实现。因此，潜在收入空间是一个人在职业中获得长期财务成功的重要因素。在职业探索的过程中，了解不同职业的潜在收入空间也是非常重要的。

除了薪资待遇和潜在收入空间，职业探索的其他重要考虑因素还包括个人兴趣、工作环境、工作内容、职业发展机会、工作稳定性等。在选择一个职业时，所有这些因素都应该被考虑到。

在探索薪资待遇时，还需要考虑地区和行业的差异。同样的职位在不同地区或不同行业中的薪资待遇可能会有所不同。因此，在考虑职业时，需要考虑到这些因素。

此外，潜在收入空间也会受到行业和市场的影响。一些职业在未来几年内可能会有更高的需求和更高的薪资待遇。因此，在职业探索的过程中，了解行业和市场的变化也是非常重要的。

（五）岗位设置及不同行业、企业间的差别

岗位设置是指企业在组织中设立的各种职位，不同职位之间的职责、待遇、晋升等方面都存在一定的差别。在职业探索中，需要了解不同岗位的职责和要求，以及该岗位的晋升路径和薪资待遇等信息。这样才可以更好地了解自己的职业目标，为未来的职业规划做好准备。

另外，不同行业、企业间也存在着差别。不同行业的企业在组织架构、企业文化、发展前景等方面都存在一定的差别。在职业探索中，需要了解自己感兴趣的行业、企业的特点和发展趋势，以便更好地根据自己的兴趣和能力做出职业选择。

（六）入门岗位及其职业发展通路

职业探索是每个人都需要面对的重要任务。在职业探索过程中，了解入门岗位及其职业发展通路是一个关键步骤。

入门岗位是指一个行业或领域中最基础、最初级的职位。通常，入门岗位不要求太高的学历和经验，但是可以提供学习和锻炼的机会。

例如，在IT行业中，入门岗位可能是软件开发或测试工程师；在医疗行业中，入门岗位可能是护士或实习医生；在金融行业中，入门岗位可能是客户服务或数据分析等。

了解入门岗位的职业发展通路可以帮助你更好地规划自己的职业生涯。以下是一些通用的职业发展通路。

1. 纵向发展

在同一领域或公司内，通过升职、晋级等方式提升自己的职位和薪资。比如，软件开发工程师可以晋升为技术主管或项目经理。

2. 横向发展

在同一领域或公司内，通过转岗、学习新技能，拓展自己的职业领域。比如，软件开发工程师可以转岗为产品经理或数据分析师。

3. 跨领域发展

在不同领域或公司间，通过学习新的技能和知识，拓展自己的职业领域。比如，金融行业的客户服务人员可以通过学习数据分析和市场营销知识，转岗到互联网公司从事市场营销工作。

（七）职业标杆人物

在职业探索的过程中，了解职业标杆人物可以为我们提供更多的职业发展参考和启发。职业标杆人物是指在某一领域内具有杰出成就和影响力的人物，他们的职业经历和成功经验可以为我们提供宝贵的借鉴和启示。以下是了解职业标杆人物的一些方法。

（1）选择感兴趣的领域或职业，了解该领域或职业的职业标杆人物。可以通过搜索引擎、社交媒体、专业网站等途径获取相关信息。

（2）阅读职业标杆人物的传记或自传，了解他们的职业生涯、成功经验、挑战和教训等。可以从中学习到职业发展的方法和技巧。

（3）参加相关的职业讲座、研讨会或活动，与职业标杆人物进行面对面交流，听取他们的经验分享和建议。

通过了解职业标杆人物，可以更好地认识自己，明确职业目标和发展方向，提高职业竞争力和个人成长。希望以上方法能够为您的职业探索提供帮助和启示。

（八）职业的典型一天

职业探索是一个人在职业发展过程中必须进行的重要任务。它可以帮助你更好地了解自己的职业兴趣、优势和目标，从而制订更明确的职业规划和发展计划。其中一个重要的方面就是了解不同职业的工作内容和工作环境，今天我们就来看看职业的典型一天。

以某公司的销售代表为例，他们的典型一天可能包括以下五个方面：

1. 早上

上班前进行必要的准备工作，如检查邮件、整理工作计划等。到达公司后，与同事们开会讨论当天的工作重点和策略。

2. 上午

拜访客户，了解客户需求，提供产品和服务方案，促成销售。其间需要进行沟通、谈判和销售技巧的运用等。

3. 中午

午餐时间可以与同事们一起聚餐或者独自就餐。这段时间也可以用来回复邮件，安排下午的工作。

4. 下午

继续拜访客户或者进行销售跟进、报价等相关工作。也许需要赶去不同的地点，所以需要合理安排时间和行程。

5. 晚上

回到公司进行当天工作的总结和反思，准备第二天的工作计划。下班后可以参加公司组织的活动或与同事们聚餐。

以上就是销售代表的典型一天。当然，不同职业的典型一天各有不同，可以根据自己的职业兴趣和优势选择适合自己的职业。通过了解职业的典型一天，可以更好地了解职业的工作内容和工作环境，从而有助于做好职业规划和发展计划。

（九）职业通用素质要求及入门具体能力

在职业探索的过程中，我们需要了解职业的通用素质要求和入门具体能力，这有助于我们更好地选择和进入适合自己的职业领域。

入门具体能力是指在进入某个职业时需要具备的基本技能和知识。以下是几个职业的入门具体能力要求。

1. 软件工程师

熟练掌握至少一门编程语言；熟悉软件工程的基本原理和流程；具备基本的算法和数据结构知识；能够理解和编写技术文档；具备团队协作和沟通能力。

2. 市场营销专员

具备市场调研和分析能力；熟悉市场营销的基本原理和方法；具备撰写市场营销文案的能力；能够独立策划和执行市场推广活动；具备团队协作和沟通能力。

3. 医生

具备扎实的医学知识和技能；能够独立诊断和治疗常见疾病；具备基本的医疗卫生管理知识；能够与患者和家属建立良好的沟通关系；具备团队协作和沟通能力。

以上是一些职业的通用素质要求和入门具体能力要求。在职业探索的过程中，我们应该根据自己的兴趣和优势选择适合自己的职业，并努力培养和提升自己所需要的职业素质和能力。

（十）工作方式与思维方式及对个人的内在要求

良好的工作方式和思维方式是做好做精工作的保障。一些职业对个人的内在素质要求很高，如态度等，这些是判断你是否适合职业，以及是否喜欢这份工作的核心标准。从内在出发来审视是科学的，因为职业是客观的，只有选择了职业才会有是否愿意承担、适合做的疑问，所以在考虑职业的各方面之后，最后一步就是看它对个人内在素质的要求。岗位描述中的资格也会有对其内在素质的要求，以及行业中普遍认可的个人素质，还要考虑不同行业、不同类型企业的差异。

三、职业探索的方法

职业生涯规划是一个需要持续探究和实践的过程。在进行自我探索之后，外界世界，尤其是对职业世界的探究就显得尤为重要了。只有有效地了解职业环境，职业生涯规划才能够最终落到实处。探索职业世界的办法有很多，除了利用书本、报刊、网络媒体外，还可以通过实习、生涯人物访谈等形式来进行。探索的对象不只是宏观社会环境，还包括中观的行业环境和微观的岗位环境，可以通过家庭成员和亲朋好友所从事的职业来了解职业世界。

（一）形成自己预期的职业库

在选择职业的过程中，了解自己的兴趣、能力和价值观是非常重要的。通过分析这些因素，可以形成自己的职业库，使职业选择更加有针对性和目的明确。

以下是建立职业库的几个步骤。

1. 自我评估

需要对自己进行全面的评估。可以从以下几个方面入手。

（1）兴趣。你对哪些领域感兴趣？在哪些方面展现出了热情？

（2）能力。你擅长哪些技能？你具备哪些专业技能和知识？

（3）价值观。你看重哪些价值观念？哪些职业符合你的价值观？

2. 职业研究

需要对职业进行研究，了解每个职业的工作内容、薪资水平、职业前景等。这可以通过以下途径实现。

（1）职业指南。在网上或书店里找到相关的职业指南，了解各种职业的详细信息。

（2）网络资源。利用网络资源，了解职业市场的趋势和变化。

（3）人际关系。与从事该职业的人进行交流，了解职业的内部情况。

3. 形成职业库

在完成自我评估和职业研究后，可以将适合自己的职业列入职业库。在列入职业库时，需要考虑以下几个方面。

（1）职业的兴趣度。是否符合自己的兴趣？

（2）职业的能力要求。是否符合自己的能力和技能？

（3）职业的价值观。是否符合自己的价值观念？

4. 不断完善

职业库的建设是一个动态的过程，需要随着个人成长和职业市场的变化不断进行完善和调整。因此，需要定期更新职业库，以保证职业选择的准确性和实用性。

通过以上几个步骤，可以帮助求职者形成自己的职业库，为未来的职业选择提供有力的支持和指导。

（二）用职业分类的方法帮助探索职业世界

职业世界是一个庞大而复杂的系统，有数以千计的职业和行业。为更好地了解这个系统，我们可以使用职业分类的方法。职业分类是将职业按照其特征和属性进行分组和归类的过程。以下是一些常见的职业分类方法。

1. 行业分类

行业分类是将职业按其所属的行业进行分组和归类的过程。行业分类通常按照国际标准行业分类（ISIC）或行业代码进行分类。例如，金融行业包括银行、证券、保险等职业。

2. 职业群组

职业群组是将职业按其所需的技能和知识进行分组和归类的过程。例如，医疗保健职业群组包括医生、护士、药剂师等职业。

3. 职业类型

职业类型是将职业按其一般性质和本质性质进行分组和归类的过程。例如，销售职业类型包括零售销售员、批发销售员、销售经理等职业。

使用职业分类的方法可以帮助我们更好地了解职业世界，包括了解不同职业的性质、技能和知识要求以及就业前景。此外，了解职业分类还可以帮助我们更好地规划自己的职业发展，帮助选择适合自己的职业和行业。

（三）由近至远的探索方法

所谓近和远，是指信息与探索者的距离差异。近的信息相对丰富，远的信息内容则更为深入；获取近的信息较容易，而远的信息则需要更多的付出和与环境的交互才能完全理解。因此，从近至远的探索是一个持续进行的过程，收获的信息范围会逐渐精细，了解也会逐步加深。

（四）生涯人物访谈

生涯人物访谈法是一种通过访问成功人士来了解他们的职业历程、成功经验和困难解决办法的方法。通过与成功人士的交流，可以了解他们在职业生涯中的成长过程，他们是如何攻克难关、取得成功的，并从中汲取灵感和启示。

生涯人物访谈法的步骤如下。

（1）找到感兴趣的领域中的成功人士，可以是所在企业的领导、行业专家或其他领域的成功人士。

（2）与成功人士预约访谈时间和地点，并准备好问题清单。

（3）在访谈中，注意聆听并记录成功人士的回答，及时提出问题并寻求进一步解释。

（4）访谈结束后，整理笔记并进行反思，找到自己可以借鉴的经验和启示。

通过生涯人物访谈法，可以了解成功人士的职业历程和成功经验，同时可以借此机会建立起自己的人脉，为自己的职业发展打下坚实的基础。

四、如何选择正确的职业方向

（一）把握方向，正确选择

在社会生活中，有的人从事的并不是自己喜欢的工作，有的人对自己的职业岗位也没有发自内心的热爱，总是会发出感叹"我很努力了，但为什么我还是做不到最好"。有一些企业负责人会把职业者的这些感叹归纳为职业者的工作态度问题。究其本质，并不是这些职业者不能做好工作，而是这些职业岗位并不适合他们。具体而言，职业者要想将自己的岗位工作做好，就必须热爱自己的职业岗位，树立正确的人生目标。但是，很多人一开始在职业岗位上就选错了目标和方向，那么就要学会放弃，找到真正适合自己的工作方向。

每个人的人生都有不同的经历和色彩，在生命发展的过程中，每个人都要跨越很多阻碍，也要经历很多挫折才能进步。在进步的过程中，每个人都要清楚地知道自己的出发点是什么。如果仅仅是为了工作，庸庸碌碌地走完半生，那么再回忆起来也会感叹对时间的浪费和无所成就。

"条条大路通罗马。"在以知识为主导的经济社会中，通往成功的道路有很多，需要注意的是，走什么样的道路并不是别人给予的，而是自己的选择。有什么样的选择就会走什么样的道路，选择什么样的人生道路就会有什么样的人生结果。

人生的悲剧不是无法实现自己的目标，而是不知道自己的目标是什么。成功不在于人身在何处，而在于朝哪个方向走，并能坚持下去。没有正确的目标就永远不会到达成功的彼岸。

（二）要成功必须找准方向

有的人由于没有明确的生活目标，只是在人生发展过程中跟着感觉走，自己认为什么样的道路适合就走什么样的道路，匆匆绕了一圈，结果又回到了原点，没有真正做出成绩。如果大学生不想成为其中一员，就需要明确自己的人生目标。

如果知道自己需要什么，就会有一种开始想要行动的冲动。找准正确的方向是所有希望成功的人都应该掌握的。对人生而言，努力固然重要，但是更重要的则是选对努力的方向。

人生好比一粒种子，只有突破了土壤的束缚才能真正获得阳光。根只有深入土壤之中，才能获得水分和养料。人生亦如此，正确的方向可以让我们事半功倍，而错误的方向会让我们误入歧途，甚至耽误一生。大学生在奋斗时应做到"忙"而不"盲"，找到自己真正感兴趣的事业。

（三）选择正确职业的策略

大学生应把握好方向，选择正确的职业有以下几种策略。

1. 目标与自身实力匹配

很多大学生在毕业后没有充分认识自己，没有对自己进行深入的剖析；在人生规划上也没有选择正确的职业方向，没有做出良好的职业选择。

选择正确的职业方向的重要前提是职业目标与个人能力的匹配，必须深刻剖析自己，什么是自己想要的，自己适合干什么，只有如此才能在职业生涯中做出正确的选择，防止因盲目选择，给自己的人生发展带来影响。在就业过程中，不能弄清自己想要什么，就不会找到自己中意的职位。因此，大学生必须保证自己的目标与能力相匹配，根据自己的能力树立正确的目标。

2. 确定人生方向

先确定人生方向，再进行职业定位可以帮助大学生在毕业求职过程中确定目标。确定了人生方向，也就明确了在求职中要走向何方，再进行职业定位，也就明确了自己求职的具体岗位。如果一名大学生的人生方向是成为"技术总监"，那么他的职业定位就要从技术员做起，通过在职业岗位上的逐步努力，积累自己的工作能力。这种方法关键是要从人生规划角度确定职业发展方向，并把这种职业发展方向融入人生发展历程中，在求职时确定与职业发展方向相符合的职业岗位，从底层工作岗位做起，逐步实现大目标。

3."练好内功"

对大学生而言，选择自己理想工作岗位的一项重要内容是要"练好内功"，夯实根基，也就是在大学期间，要在业余时间学习自己倾向的职业岗位的技能和知识。选择不同的职业岗位则意味着选择不同的职业路径，在每个职业岗位中要做的工作也不同。但整体看，大学生需要做好两个方面的准备工作：一是要强化自己的基础知识和职业技能；二是要培养自己的文化素养和综合素质。

综上所述，对大学生而言，树立正确的职业规划意识，确定正确的人生目标和发展方向对个人成长是极为重要的。大学生要掌握选择职业路径和人生方向的正确方法，根据自己的实际能力，选择适合自己的工作岗位，在选择的过程中，要理性选择，有计划地做好准备，夯实根基，努力达成自己的职业目标。

第四节　职业信息的获取与分析

一、职业信息的获取

如何快速了解一个职业并做好自己的职业定位，就需要了解行业、企业及职业，了解现状、内容、未来的发展等各个方面的信息。有哪些方法可以了解行业、企业及职业的基本信息呢？有两种方法值得去做：多媒体信息收集、生涯人物访谈。

（一）多媒体信息收集

1.收集行业信息

了解一个行业的具体信息，可以通读行业分析报告。行业趋势的最佳来源是麦肯锡之类管理咨询公司做的行业分析，例如《麦肯锡季刊》《经济学人》的网页等。也可以读一本这个行业的综述性书籍。比如，保险行业，推荐阅读《风险管理与保险》。读一本这样的书，一方面可以更深入地理解这个行业的商业模式和惯例，比如，我们需要知道财产险和寿险存在一些根本性的差异，所以它们的经营也会非常不同；另一方面可以掌握一些行业"行话"，比如，当我们听到"承保""核保"时，我们得知道这些都是指什么。了解一个行业的领导企业的发展，可以从这家企业的性质、主要业务、主要客户、企业规模、员工人才结构、战略方向等着手，了解国内国外的最主要的竞争对手是谁，有哪些岗位是可以与自己未来职业相关的，主要分布在哪些城市。

2. 收集具体信息

印刷或视听媒体的范围比较广泛，报纸、杂志、电视、书籍、网络都有可能提供职业信息。在学校电子图书馆的中国知网里可以查看最新的《中国教育报》《中国大学生就业》。一些传记文学、各行业领军人物的报道，以及《职来职往》《非你莫属》《天生我才》等电视节目也是了解职业的窗口。与职业相关的网站也很多，比如，前程无忧、智联招聘、中华英才、中青在线人才频道、各高校职业指导网站等。在上网或其他途径收集具体信息时，应注意该信息的信效度是否合格。

（二）生涯人物访谈

相比于实习体验和网络查找，在获取职业信息方面，生涯人物访谈处于近与远的中间，其在效率和信息的真实性上有比较好的平衡。访谈中，可以提出的问题包括：

（1）在这个工作岗位上，每天都做些什么？

（2）你是如何找到这份工作的？

（3）你是如何看待该领域工作将来的变化趋势的？

（4）你的工作是如何为实现组织的总体目标或使命贡献力量的？

（5）你所在的领域有"职业生涯道路"吗？

（6）本职业需要什么样的人？

（7）到本领域工作所需的基本前提是什么？

（8）就你的工作而言，你最喜欢什么？最不喜欢什么？

（9）什么样的初级工作最有益于学到尽可能多的知识？

（10）本领域初级职位和略高级别职位的薪水是多少？

（11）在工作中采取行动和解决问题的自由度如何？

（12）本领域有哪些发展机会呢？

（13）本工作的哪部分让你最满意、最有成就感？哪部分最有挑战性？

（14）什么样的个人品质或能力对本工作的成功来讲是重要的？

（15）你认为将来本工作领域潜在的不利因素是什么？

（16）依你所见，你在本领域工作中遇到了什么样的问题？

（17）对于一个即将进入该工作领域的人，你愿意提出特别建议吗？

（18）本工作需要特别的知识、技能和经验吗？

（19）这种工作需要什么样的教育或培训背景？

（20）公司对刚进入该工作领域的员工可提供哪些培训？

（21）还有哪些方法能帮助我深入了解该工作领域？

（22）你的熟人或同事中，有谁能做我下次的采访对象吗？当我打电话给他（她）的时候，可以用你的名字吗？

（23）根据你对我的教育背景、技能和工作经验的了解，你认为我在做出最终决定之前还应在哪个领域、什么样的工作上进行深入的调查研究呢？

我们身处一个信息发达的时代，搜集工作信息的方法有很多，例如，行业展览会、信息面试、角色扮演等也都是不错的途径。对职业世界的探索，光讲方法是不够的，关键还要做到有心，随时留意周围的信息。一顿午餐、一次谈话、一份身边的广告，都可能帮助你逐渐建立起对职业世界的了解。

二、职业信息的分析

在搜集信息的同时，要注意对职业信息进行综合分析，特别是职业的未来发展途径。

（一）锥形模型定义和解释

职业生涯管理学家施恩提出的职业发展三维圆锥模型，如图 3-1 所示，可以看到职业发展的三种路径：垂直通道、向内通道和水平通道。

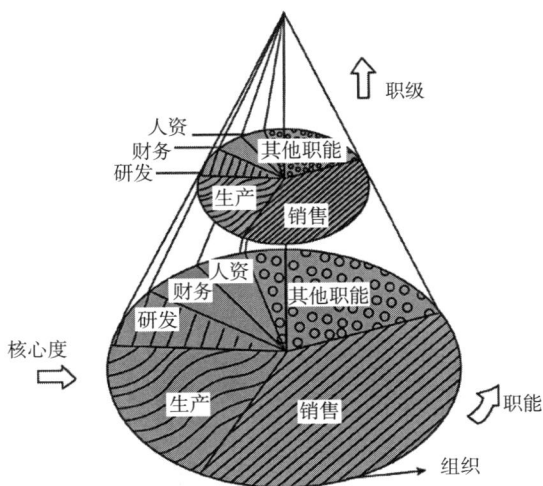

图 3-1 职业发展三维圆锥模型

垂直通道的发展线路是指职位的提升或晋升，个人通过企业设置的等级制度，在垂直方向的职业成功，就是"达到和超越自己所期望的职位"。

向内通道的发展指的是获得个人影响力和权力，判断一个人向内的职业发展是否成功的标准是：个人是否进入了职业或组织的核心层。比如，有人职位高，他喜欢别人向他请教问题，也许他的职位不会再获得提升了，但是他在实际中仍然能产生一定的影响力，技术人员比较倾向于喜欢这个方向的影响力。

水平方向的发展指的是职责上的变化，这种变化更符合个人的自我特质，比如，技术人员去做采购，属于跨职能的调动，这种发展方向拓宽了职业的广度和视野，可以为综合职业发展打下坚实基础。

（二）职业的四种发展方向

每个人的职业发展都是动态的。在进行职业定位、职业规划的时候，了解职业发展的方向可以帮助我们对自己未来的发展有一个很好的设想。避免对自己发展状况不清晰，导致盲目转换工作与跳槽。职业发展有哪些方向呢？值得注意的是，在选择发展路径的时候，除了模型中提供的三种方向，其实还隐藏着第四种方向，即跳出当前的锥形，在锥形之外寻找自己的方向。根据行业、企业与职能这三个维度和结合目前的锥形模型，职业发展可以归纳出如表 3-1 所示的四个发展方向。

表 3-1　职业发展的四个方向

方向	发展	范围	目标
横向	内部转岗	企业内部	探索更适合自己能力优势的岗位
垂直	晋升	企业内部 / 行业内	扩大自己的权限范围
向内	专业化	企业内部 / 行业内	提升自己的专业深度
向外	换焦点	企业 / 行业之外	寻找工作与生活的平衡

第四章 大学生职业规划的制定与调整

古人云："凡事预则立，不预则废。"大学生职业生涯规划作为大学生职业发展的蓝图，对大学生的事业发展具有重要的指导意义。在本章内容中，我们将对大学生职业生涯规划的制定与实施进行详细阐述。

大学生职业规划
的制定与调整

第一节 职业生涯目标的确定

一、职业生涯目标的分类

目标就是指个人、部门或整个组织所期望的成果。对个人人生而言，需求产生目的，目的具体化就是目标，目标就是前进的动力，就是人们行动的灯塔。职业生涯目标的确定包括人生目标、长期目标、中期目标与短期目标，它们分别与人生规划、长期规划、中期规划和短期规划相对应。人生规划是指整个职业生涯规划，时间长至40年左右，即设定个人整个人生的发展目标。长期规划一般是指5～10年规划，主要为设定较为长远的发展目标。中期规划一般是指规划3～5年内的目标与任务。短期规划一般是指1～3年以内的规划，主要是确定近期或短期目标，规划近期完成的目标与任务。

确立职业目标并为此付出努力，对确立者是很有帮助的，不过确立职业目标要有事实依据，并非只是美好的幻想或不着边际的梦想，否则将会延误人生的发展机遇。要明白行动是一切目标实现的成功之母。再美好的图纸不去变成现实也最终是一张废纸，所以我们对目标一定要有强大的执行力。每天早上起来或晚上入睡前问问自己，是否每天都在努力，如果不能坚持，目标就很难实现。

二、职业生涯目标的设计

（一）职业生涯目标设计的原则

职业目标的设计要遵循 SMART 原则。

（1）具体的（specific）。具体的，即目标必须是具体的。

（2）可衡量的（measurable）。可以衡量的，可测量的，有一定的评定标准，即目标应该是可衡量的。

（3）可实现的（achievable）。可以实现的，目标是可实现的。目标的设定能够被执行人所接受。

（4）相关的（relevant）。相关的，目标还应具有相关性。即目标设定应与自己的专业相关，与社会需求基本一致，另外，目标的相关性具体是指在现实条件下是否可行、可操作，与现实发展是否相关。

（5）有时限性的（time-based）。有时限性的，目标设置要有时间限制，可以具体到某年某月。没有时限的目标则不是一个有效的目标。

（二）职业生涯目标设计的要求

在设计职业生涯目标时也应遵循一定的要求，概括来说，这些要求主要包括以下几方面。

1. 动态性

职业生涯规划中目标的设定应当是动态的，大学生要根据自己不同阶段的需求和社会发展情况对规划做出合理调整。这样才能顺应时代，开创属于自己的事业或尽早实现自己规划的目标。

2. 具体性

大学生们通常可以在一个相对较窄的范围内同时设定几个目标，比如，教师布置的随堂作业或是小组共同完成的课题，需要准备资料、进行社会调查、需要分析讨论，最后形成研究报告。大学生一定要深刻认识到个人或小组作业的重要性，并认真对待。因为小组作业就是对未来工作的提前训练。除了最后的报告，其他的事情都可以与同学同时进行或一起完成，在操作中同学们要学会给自己列一个时间表，规定每一个目标的具体完成时间，时间一到就要检查自己目标成果的实际完成情况。这样就可以及时进行自我管理或小组管理，日程表的设置越具体越有可操作性，用来衡量目标实现程度的标准就越细，对于目标执行与反馈也就越准确。所以，在设计职业生涯目标时一定要注意应具有具体性。

3. 需求性

对大学生来说，在进入大学后，面对专业难以调整的现实，面对不理想的专业如何找到理想的工作，是大学生在职业生涯规划中必须面对的问题，也是大学生在校期间就必须提前做好的功课。因此，在设定与确定职业目标时，必须考虑社会与组织对岗位的要求，当劳动力市场相关人才出现供大于求时就要结合自身实际考虑自己未来的胜率，同时还应考虑组织对岗位的相关要求是否是自己在大学期间就可以培养与训练完成。

4. 匹配性

在确定职业发展目标时要注意其与自己性格、兴趣、特长与选定职业的匹配度，同时要思考自己所处的内外环境与职业目标是否相适应，不能妄自菲薄，也不能好高骛远。合理、可行的职业目标决定了职业发展中的行为和结果，这才是设计职业目标的关键。

（三）职业生涯目标设计的注意事项

在设计职业生涯目标时，应注意以下几方面：

第一，尽量分解目标。

第二，不求快速达到或实现目标。

第三，不要制定很多目标或者说不要让目标彼此无关联，即目标要符合社会与组织的需要。

第四，目标幅度不宜过宽。

第五，目标要可持续与不中断。

第六，目标要高远但绝不能好高骛远。

第七，注意长期目标和短期目标的结合。

第八，目标要符合自身特点，并使其建立在自身优势之上。

三、职业目标确立的步骤

职业目标是长远目标、阶段目标、各类目标的能力结构、行动计划四部分内容的集合体，其具体步骤：

（一）确定远期目标职位

按照倒叙的思路，基于个人对某些职业的看法，在相关的具体职业中选择某类职业或具体的职位，该职业或职位即成为远期的奋斗目标。

（二）确定远期目标职位的能力结构

通过资深专业人员、指导老师、亲戚朋友、咨询辅导机构等，了解该职位所需具备的能力结构，对这些能力进行排序，逐一了解这些能力的含义，与能力相对应的关键事件举例等，并把所了解的信息归纳总结和整理，形成一份目标职位的能力素质要求表。

（三）划分阶段目标岗位

每一个长远目标都由很多阶段性目标构成，长远的职业生涯目标亦如此，我们可以按照职业发展通道设计的思维，在资深专业人员和指导老师的帮助下设计出阶段性的目标职位。

（四）确定阶段目标岗位的能力结构

职位的晋升实际上是能力素质级别的晋升，因此在确定不同阶段的目标职位以后，我们应该对这些职位开展针对性的职位分析，详细了解职位的能力素质要求，同样，对大学生或刚入职的新员工来说，针对每一项能力匹配对应的关键工作事件有助于加强对其理解和学习。

（五）编制行动计划

在确定了长期和阶段性目标，详细了解了各种目标的能力素质要求后，为使其具有可操作性，大学生还应该制定达成不同阶段目标和获得与目标对应能力的行动计划。

（六）计划滚动修编

在完成上述五个步骤后，就可以沿着规划的路线开始我们的职业生涯征程，但环境变化要求大学生不断对职业目标和相应的行动计划进行滚动修编，没有永恒不变的目标，也没有永恒不变的计划。

四、大学生的职业生涯目标

大学生职业生涯目标应包括大学期间的职业目标和择业后的职业目标两部分。

（一）大学期间的职业目标

职业目标的确定一定要针对个人特点，一个人要是没有目标就没有努力前进的方向，也就毫无动力可言。大学生职业目标的确立最好从大一开始实施并制定相关的行动计划。在未来四年中分四个时期制订好系统学习和生活设计目标，毕业时也可以从上述几个方面检验自己是否达到了相应的要求（表4-1）。

表 4-1　大学四年的分期目标

分期	目标
大学一年级试探期	也就是从进入大学开始就应当有意识地去了解某些职业，特别是自己未来想从事的职业或自己所学专业对口的职业。比如，大学一年级阶段大部分开设的是公共课，学习任务相对不重，这个时候就可以多参加学校的各项活动，掌握更多人际沟通与交流的技巧，学会与不同个性的人打交道，同时多学习课本以外的知识提升自己，有意识地收集相关资料，培养自己学习书本外知识的能力
大学二年级定向期	这一时期应考虑清楚是继续深造还是就业，尝试在课余时间进行兼职，选择自己未来想要从事的或者与专业对口的工作，最好能较长时间坚持，锻炼自己的责任感、主动性和受挫能力等，也可以有选择性地辅修其他专业的知识充实自己
大学三年级冲刺期	这一时期应锁定在提高求职技能、收集相关招聘信息，并确定自己是否要考研，为下一步的求职或深造做好准备
大学四年级分化期	积极参加招聘活动，运用学校提供的条件，了解就业指导中心提供的用人单位信息与就业信息，强化求职技巧，进行模拟面试等训练，尽可能在做好充分准备的情况下施展演练

设定职业目标时要思考以下问题：

第一，设定该目标的原因、达到这一目标的途径。

第二，达到该目标的外部有利条件。

第三，实现该目标的能力、技能与自身其他优点。

第四，实现该目标的相关培训与教育。

第五，要思考自身弱势或外部的不利条件等。

（二）择业后的职业目标

大学生在择业后，其职业生涯的规划并不意味着就终止了，相反，这时候作为社会新人，更应该进行科学的规划。可以在工作的不同阶段为自己分别设计短期目标、中期目标、长期目标。这里以人力资源专业毕业生的职业目标为例进行分析（表 4-2）。

表 4-2　人力资源专业毕业生择业后的职业目标

目标	具体内容
短期目标	熟悉企业人力资源管理各项工作实务，集中学习薪酬绩效管理模块的业务；实习期结束成为薪酬绩效专员
中期目标	全面掌握人力资源管理各项工作理论及实务，能组织开展各项业务；3～5年成为人力资源经理
长期目标	能结合企业发展战略和中长期规划，拟订人力资源战略并系统地组织实施，能策划和组织完成企业的人力资源各相关模块的变革工作；6～8年成为企业人力资源主管

当然这里的目标设定并不是固定的，每个人可以根据自己具体的能力及经验情况有所差异，只是想说明即便是择业后也要有一个很好的规划。

第二节　大学生职业规划的制定

一、大学生职业规划制定的前提

（一）理性地自我分析是个人职业规划设计的条件

个人职业规划和设计的基础是自我分析。只有一个人知道自己的性格、气质、能力、兴趣和自己的优点和缺点，他／她才能根据这些特征得到真正属于他／她的东西。职业选择也是如此。如果一个人天生充满活力，他／她不会选择会计专业。然而，许多人在选择职业时并不考虑自己的兴趣或性格，而是直接考虑职业的社会地位或外部影响。一个人进入会计学校，但他一直对计算机感兴趣，并在业余时间学习计算机，现在在一家私营公司做网络管理工作，且工作的表现并不逊色于他的同事。因此，充分了解自己对未来的职业选择和发展趋势起着至关重要的作用。

（二）终身学习是个人职业规划成功的保证

一项研究表明，在学校学到的知识和技能中，在社会生活五年后，只有 50% 仍然有用；十年后，只有 20% 仍然有用。其中，必须根据社会发展、行业变化和就业需求填补和更新空缺，否则会有被淘汰的危险。而这种增加和更新不是一两次，而应该体现在一个人的职业生涯中，成为一种职业意识和能力。美国著名未来学家约翰·奈斯比特曾经说过："在一个不断变化的世界里，没有任何技能或知识可以为你服务一辈子，所以现在最重要的技能是学习如何学习。"工作和学习是不可分割的。工作是在实践中学习，这取决于你需要什么，未来的计划是什么。因此，先学习，然后再工作，因为从长远来看，先学习比先工作更适合未来。

总之，大学生是人才，只要有合理的职业规划体系，相信大家都能成功。正如伟大的俄罗斯大师克里洛夫所说：现实是这条河，理想是另一条河，中间有一条汹涌的河流，而行动是跨越河流的桥梁。任何伟大的目标，任何伟大的计划，最终都需要付诸行动。行动是成功的保证。只要你选择并通过积极的行动实现你的生活计划，成功就在你的脚下。

二、大学生职业规划制定的内容

（一）自我分析

没有好的职业，只有合适的职业。我们通常根据自己的喜好做出选择。选择职业的标准不应该是"其他人"认为好的，而是自己喜欢和适合。通过自我分析充分了解自我，在此基础上选择合适自己的工作岗位。工作本身会给你带来满足感，你可以在工作时享受它，这样就可以实现理想的生活方式，让你的职业生涯变得更有趣。

（二）自我定位

在了解了自己之后，下一个任务就是给自己确立一个合理的立场。无论你是在校还是已经毕业，你都需要定位自己。只有通过定位，才能合理选择职业。这个立场非常重要。如果定位太高，你可能就找不到工作；定位得太低，又会导致无法展示自己的能力。

（三）制定行动计划

行动计划是实现目标的具体实施计划，包括时间、内容、方向等。行动是对计划的检查、监督和纠正，是计划实现的保证。一个人只能通过实际的计划和措施实现他的职业目标。

第三节　大学生职业规划的实施

一、影响大学生职业规划实施的因素

只有思考，理想不会变成现实；只有期待，梦想永难成真。再完美的职业生涯发展规划，没有科学、有效的实施，也就没有任何意义了。正如歌德的那句名言："光有知识是不够的，还应当运用；光有愿望是不够的，还应当行动。"因此，职业生涯发展规划成功与否更大程度上取决于它是否被有效实施并最终实现职业目标。

影响职业生涯发展规划实施的因素很多，主要包含4个方面，分别是规划执行力、主观意愿、社会环境和行业环境。

（一）规划执行力

规划执行力是一种把规划中的计划方案变成行动，把行动变成结果，从而按照规划标准达到预期目标的能力。良好的职业生涯发展规划执行能够把职业生涯发展规划行动方案转变成个人的实践行动，从而在行动中塑造正确的自我认知、职业认知和社会认知，最终实现职业目标。

相关调研显示，很多人在规划执行过程中缺乏连续性，在学习、生活、工作实践中，没能严格依据预设的行动方向执行；有些人没有对自身特质和外部环境进行及时跟踪，死板地套用规划，把规划变成了自我束缚，执行中遇到情况变化或困难问题时缺乏创新性，不能审时度势地调整自身心态和执行方案。规划执行力不足导致的结果往往是效果不显著，具体表现为规划执行中断，没能达到规划预设的学业和职业目标。总体上看，造成职业生涯发展规划执行不力的原因主要有以下4个方面。

1. 认识不到位

一些人缺乏对职业生涯发展规划重要性的认识，没有深入理解职业生涯发展规划对个人职业生涯的积极促进作用。职业生涯发展规划不仅是为了找到更好、更合适的工作，更重要的是通过规划，帮助我们管理好自己，促进整个职业生涯的长远发展。如果只是把职业生涯发展规划当作一项作业任务来完成，势必造成执行上的动力不足。

2. 操作性不强

职业生涯发展规划的良好操作性主要来源于明确的职业目标和清晰的发展路线。明确的目标是良好的执行的基础保障，如果职业生涯发展规划目标模糊，导向性不足，则行动指向就不明确，执行起来会很困难。发展路线不清晰会造成行动细节上不够清楚，不利于职业生涯发展规划的执行。

3. 自控能力不足

自控能力包括自信力、意志力、耐力、良好的习惯等，良好的执行过程离不开足够强的自控能力。很多人缺乏吃苦耐劳的精神，意志力不强，自控能力缺乏，这将直接影响执行力。另外，时间把控能力的不足也会导致执行效果不佳。

4. 支持力度不够

职业生涯发展规划的良好执行力离不开外部的支持，这些支持来自学校、家庭、社会等多方面。比如，大学期间的就业创业教育；进入企业后的岗前培训、心理辅导；亲属对职业生涯发展规划执行的督促；国家、各级地方政府颁布的就业、创业帮扶政策；各种技能培训项目等。外部支持力度的不足也会导致职业生涯发展规划执行不畅。

（二）主观意愿

个人主观意愿的偏移将直接影响职业生涯发展规划的实施。一般而言，个人主观意愿受职业性格、职业兴趣、职业价值观、职业能力等因素的影响。其中，职业性格一般不会轻易改变，但其他因素都有可能在职业生涯发展规划的实施过程中发生偏移，从而影响规划的实施。

1. 职业兴趣的偏移

职业兴趣是职业目标选择的重要依据，它可以提升职业效率，保证职业稳定性，增强职业适应性。职业兴趣一旦发生偏移，意味着原职业目标定位将失准，职业兴趣对原职业目标的作用将会失效。

2. 职业价值观的改变

职业价值观是用来区分职业好坏、指导职业行为的思维取向。通俗地讲，职业价值观决定着一个人想从事什么工作，想通过工作获得什么。职业价值观对个人职业生涯发展有极其重要的作用，它决定着职业目标的方向。职业价值观受个人需求、社会环境等因素的影响，可能会发生改变，从而影响职业生涯发展规划的实施。

3. 职业能力匹配度

具有与职业相匹配的能力是进入职业领域的前提条件，职业能力不足会导致无法胜任工作岗位；职业能力提升到更高层次标准，则会催生更高的职业目标。可见，无论是职业能力的不足，还是职业能力的提升都有可能影响职业生涯发展规划的实施。

（三）社会环境

社会环境的发展变化对职业生涯发展规划的实施的影响是显而易见的，充分了解和把握社会环境因素，有助于在复杂的社会环境中把握有利条件，规避不利影响。

1. 政治环境

政治体制、经济管理体制、人才管理政策、利益分配方式、教育制度等政治环境因素会直接影响职业生涯发展规划的实施，比如，最低工资标准、户籍政策、住房保障、人事制度、免费技能培养项目、社会保障体系等。

2. 经济环境

经济环境的好坏会影响企业效益、岗位需求、薪资水平。好的经济环境下，人力资源需求旺盛，职业选择和职业发展的机会更多，职业生涯发展规划的实施效果更好。经济发展水平落后，职业生涯发展规划的实施往往会受到多方面的限制。

（四）行业环境

影响职业生涯发展规划实施的行业环境因素主要包括以下几个方面。

1. 行业现状和发展趋势

任何行业都会有从起步、发展、成熟到衰退的发展周期，在行业发展的任何时期都可能有一些负面因素对个人职业生涯发展的实施造成冲击，比如，新兴行业市场的迟钝；成熟行业的激烈竞争；衰退行业的前景堪忧。

2.行业人才需求状况

行业人才需求状况决定行业内人才的竞争压力，过大的竞争压力会提升行业准入标准和人才晋升难度；竞争压力的缺失又导致个人职业生涯发展中缺少激励。

3.行业规范

强制性的行业规范既有可能成为行业的发展机遇，也可能成为行业的准入门槛。内部行业规范则大多是从业人员的基本守则，用于约束本行业的从业行为。

4.岗位环境

岗位是实施职业生涯发展规划的微观位置，职业目标和职业梦想将在岗位上得以实现。岗位环境体现出的影响规划实施的因素包括：工作内容、岗位职责、工作环境、操作规范、上岗资格和团队关系等。

职业生涯发展规划的制订完成只是个人职业生涯发展的开端。在职业生涯发展规划实施过程中应时刻关注各方面因素变化，把握有利因素，规避不利因素。必要时，应及时调整职业生涯发展规划，使其与现实情况相适应，保证规划的实施效果。

二、构建大学生职业规划意识培养机制

（一）支持大学生就业与职业发展协会的组建

大学生就业与职业发展协会是为高校学生提供就业和职业发展服务，为协会成员提供锻炼平台的学生组织，主要以提高自身综合素质、增强职业规划意识、培养职业发展能力、增强高校学生就业意识为宗旨。大学生就业与职业发展协会每年都会定期组织简历制作大赛与模拟面试大赛和校园招聘会以及企业招聘宣讲会，邀请校内外专家在职业规划、求职技巧和就业指导等方面开展一系列的专题讲座，并组织开展社会实践活动，为在校学生搭建一个展示自我能力的平台，帮助高校学生树立正确的职业价值观，提高就业竞争能力。为进一步普及职业规划知识，培养高校学生职业规划意识，引导广大学生合理规划在校学习生活，提升高校学生就业核心竞争力，助力高校学生更加充分、更高质量地就业，大学生就业与职业发展协会可以在校内定期开展"规划自我、筑梦青春"职业规划大赛。

（二）强化新生职业规划教育

为提升高校学生的职业规划意识和就业意识，应当着重针对新生开展职业规划教育。在此过程中，需要结合不同专业，邀请区域企业的管理者、人力资源管理人员等进入高校与课堂，开展新生职业规划教育。在相应的教育活动实践中，应当引导高校

新生充分利用此次学习的机会，了解专业未来发展方向、工作内容和企业招聘的相关流程要求，在以后的学习生活中树立个人发展目标，提升个人综合能力，成为国家、企业需要的综合型人才。

在新生职业规划教育活动中，邀请区域企业的管理者、人力资源管理人员，从公司简介、发展历程、企业文化等多个角度向高校新生介绍企业情况，让高校新生进一步了解企业文化和企业氛围。

三、职业生涯发展规划的实施与调控

（一）职业生涯发展规划的实施

1. 职业生涯发展规划管理

（1）实行目标管理。目标管理是企业常用的绩效考核方法，职业生涯发展管理可借鉴使用。目标管理包括目标体系制定、目标的执行与追踪、目标完成结果评价与反馈3个阶段。我们可以针对职业生涯发展规划在每一个不同时期所设立的目标进行管理，定期检查执行情况，评价及反馈执行结果。

（2）设计目标管理表。每个大学生都可根据自己的职业生涯发展规划中的目标，设计适合自己执行、管理的表格。

（3）把职业生涯发展阶段目标和任务写入表中。

（4）每天把目标施行情况写入日记并进行目标跟踪。

（5）定期围绕目标进行自我反思和总结。

（6）实行自我激励，让自己一直保持高昂的学习、工作热情。

2. 职业生涯发展规划评估的常用方法

计划往往赶不上变化，因此，需定期开展对职业生涯发展规划实施情况的评估，及时了解情况的变化，通过对实际情况和目标的实现程度分析，做好考核，为必要的修正和调整打好基础，确保职业生涯发展规划的可行性和有效性。

（1）反思法。回顾职业生涯发展规划实践过程，思考规划的学习计划是否达到，学习有什么收获，还存在哪些问题，使用的方法是否有效，还有没有改进的空间。

（2）调查法。实现职业生涯发展规划近期目标后，可对下一步的职业环境开展调查和分析，评估条件变化趋势，有哪些有利变化，有哪些不利变化，总体环境现状如何。根据具体变化情况，拟订下一步目标计划的调整方案。

（3）对比法。在进行职业生涯发展规划时应多对比、多学习、多借鉴，吸取别人好的经验和方法。他山之石可以攻玉，参考借鉴他人的职业生涯发展规划，有助于对

自身职业生涯发展规划做深入思考。

（4）交流法。把自己的职业生涯发展规划与知己好友进行相互交流，独自思考容易一叶障目，效果有限，从别人的视角审视却往往正中要点。正视自己的弱点，虚心、主动征求他人对自己职业生涯发展规划的意见和建议，必将受益匪浅。

（5）360度评估法。360度评估法又称多渠道评估法，是指通过收集与自己有密切关系、来自不同层面人员的评估信息，以全方位地评估自我的一种方法。

人总有自己认识不到的盲区，而自己没有认识到的问题，有时别人反倒能看得清楚，正所谓"不识庐山真面目，只缘身在此山中"。为了避免自我觉察的片面性，建议大学生可采用360度评估法进行自我认知，获得来自多层面的人员对自己素质、能力等的评估意见，从而较全面、客观地了解自己的个人特质、优缺点等信息，为自己的职业生涯发展规划提供参考。

3. 职业生涯发展规划评估应注意的事项

评估可以参照各类短期、长期、专项的预定目标和实际成果的对比。任何形式的评估都可以归结为自身因素和实践行为对当前所处环境的适应性判断。在评估的实际操作中，应注意以下几点。

（1）紧抓重点。职业生涯发展的各个阶段都会有一个最重要的目标，其他目标往往都是围绕这个重要目标开展的，评估工作应优先排序，重点评估那些针对重要目标的主要策略的执行情况和效果。

（2）找准新需求。针对个人条件及内外部环境的变化，把握最新的趋势及其影响，找准新的需求变化，如此，才能制定出更科学、有效的应对策略。

（3）寻求突破口。很多时候，某一点上取得的突破将对整个局面发展起到巨大推动作用，这个点被称为突破口。反思职业生涯发展规划中的策略方案实施过程，是否能找出对目标达成起关键性影响的突破口？以此为例，再仔细寻求新的突破口，进而推动各项既定目标的实现。

（4）补齐短板。一只沿口不齐的木桶，其容量的大小，并不取决于最长的那块木板，而是取决于最短的那块木板，这就是管理学中著名的木桶理论。在评估过程中，要肯定自己取得的成绩，但更重要的是结合变化的环境，发现自身素质与既定策略的短板，然后采取必要措施进行调整、修正，最终补齐短板，让职业生涯发展这只桶拥有更大的容量。在实际案例中，常见的职业生涯发展规划短板包括价值观、意识观念、知识技能、能力水平、心理素质、环境适应能力等。

（二）职业生涯发展规划的调控

调控是对职业生涯发展规划实施过程中变化的积极反应，是实事求是态度的行为表现。调控过程包含反馈评估和修正两个步骤。

1. 职业生涯发展规划的反馈评估

反馈就是沟通双方期望得到信息的回流。现实社会中诸多不确定因素的存在，会使职业现状与原定职业生涯目标有所偏差，这就要求我们不断地反省，并对规划目标和行动方案做出调整，从而保证职业生涯发展方向的准确。反馈评估是一个再认识、再发现的过程，要求我们时时注意内外环境的变化，不断地审视自我，调整自我，修正自我。

2. 职业生涯发展规划的修正

职业生涯发展规划的修正包括：职业目标的重新选择；职业发展路线的重新选择；阶段目标的修正；短期、专项目标的补充；策略与计划的变更等。整个修正过程要做到谨慎判断，果断行动。谨慎判断就是无论变化多大，都要在厘清来龙去脉后做判断；果断行动就是要在判断后立即采取行动。

第四节　大学生职业规划的评价

一、职业规划评价的方法

（一）反馈法

准备一个记录本，记录一段时间内学习、思考的心得体会，以及参加的各项活动及其感想，然后检查并修订自己的职业规划，看看哪些事情没做好，哪些学习和工作方法需要改进，哪些能力亟须提升。

（二）交流法

交流法是指经常就自己的职业规划及执行情况与同学、老师进行交流，听取他们的建议和忠告，然后据此改进自己的职业规划及其执行方法。

（三）对比法

对比法是指将自己的职业规划及其执行情况与他人进行对比，找出自己的问题及与他人的差距，据此改进自己的职业规划及其执行方法。

（四）评价法

应用评价法时要获得全方位反馈，在这一方法中的评价者包括被评价者的上级主管、同事、下属、客户等各类密切接触人员，同时也包括自己。实施大学生职业规划全方位反馈评价，要重点做好以下工作。

第一，做好同学间评议。

第二，做深自我评价。

第三，做实评价反馈。

二、职业规划评价的步骤

（一）确定评价目的

无论我们做什么事，在着手之前都要考虑一下我们为什么要做这件事，即我们的目的是什么。所以，我们在做职业规划的评价工作时要首先确定评价的目的及主要任务。

（二）进行自我评价

事实上，最了解自己的人还是自己。因此，在职业规划评价中要首先进行自我评价。自我评价包括两方面的内容。

第一，按完成时间评价。

第二，按完成性质评价。

做好了一份职业规划时，会按照时间确定阶段性任务。所以，自我评价首先就要看是否能准时完成计划中的任务。如果在规定的时间内完成了所定目标，说明计划比较合理，目标和策略设定得比较得当，可以继续实施下一目标；如果在规定的时间内无法完成所定目标，那就应该进行反思，找出出现这种情况的原因及对策。我们在完成任务的时候不仅要按时，而且要保证质量。如果我们按时完成了目标，但是感到完成起来非常困难；或者感到效率很低，完成的质量不高，这时就要考虑是定的职业目标太高还是我们没有紧迫感，没有抓紧时间。若职业目标定得太高，可以考虑降低目标的难度；若我们完成计划时未抓紧时间，那就应该加强紧迫感。还有一种情况就是，我们完成了既定目标，但完成得过于轻松，那就意味着我们定的目标过低，这时可以考虑适当地提高目标。

（三）评价反馈信息

由于各种因素的影响，反馈信息容易出现失真的情况。例如，有些人碍于"面子"，不肯讲出自己心里的真实想法，从而提供了一些无用的信息；有些人怕说出实话得罪人，不进行客观评价，一味恭维。因此，要努力、仔细地对反馈信息进行甄别和筛选，从中选择对自己有用的信息。

（四）得出结论

运用科学的评价方法，在对反馈信息进行分析后会得出最终结论。一般来说，只要每个步骤都依据客观事实执行，得出的结论就比较正确，评价工作也就顺利完成了。

第五节　大学生职业规划的调整

一、大学生职业规划调整的时机

在制定职业生涯规划时，必须留有可调整修改的余地，要依据评价反馈信息对职业生涯规划做出调整。

（一）毕业前夕的调整

最佳的调整职业生涯规划的时间是毕业前夕。在实习过程中，尤其是经历了求职实践，高校毕业生要根据实践经验和就业市场的需求对自己的职业生涯进行调整。毕业前期职业生涯规划的调整，重点应该放在近期目标和其他阶段目标的调整，也可以是大学生今后的远期职业生涯目标的调整。很多大学生毕业进入职场之后心中都有一些落差，即实际从事的职业与自己理想中要从事的职业相差很大，实际收入与预期收入之间也有很大的差距。造成这种心理落差的原因主要有以下几点：一是大学生在制定职业生涯规划时，没有充分了解就业市场；二是进入职场后，所处的社会环境与本人的求职工作心理都发生了很大的变化；三是大学生还没有成功转换自己的角色，没有过渡到"社会人"。

（二）从业初期的调整

人要对自己有充分的了解，即在了解自己能做什么、想干什么之后，再站在工作的角度，适当地对自己的择业标准进行调整，最大限度地展示自己中意的工作所需要的技能与素质，以在工作岗位上取得较好的成绩。在积累了一定的工作经验之后，可以根据工作过程中对自身条件的检验，再分析周围环境和自身素质发生了什么样的变化，适时转换职业并对自己的职业生涯规划进行调整。

二、大学生职业规划调整的策略

（一）评价社会因素，合理规划内容

大学生在职业规划过程中应学会对社会因素进行评价，根据评价的结果了解哪些社会因素是正确的，哪些社会因素是错误的，进而在自身评价的基础上做好职业规划工作。社会因素对大学生的影响主要是通过社会舆论形成的，因此，在评价的过程中应找到评价的依据和对照物，通过多种条件、多重方向的评价，规划出符合自身实际的发展方案。在评价社会因素过程中，要鼓励大学生找到评价的依据并积极开展评价工作，帮助大学生学会合理规划评价内容。首先，大学生在职业规划过程中要坚持实事求是的原则，不能好高骛远。大学生的职业规划应以近十年内的规划为主，更远期的规划可以稍微模糊一些而没必要具体。以十年内规划为主，一年一规划的方案符合大学生的成长实际，也为学生的发展提供了必要的目标，如一些大学生直接制定了未来二十年甚至三十年的目标，整个目标缺乏可行性，那么这种职业规划是无效的，因此，在课程指导中教师要让学生树立起中远期的职业生涯规划，在制定过程中鼓励大学生以年为单位制定目标方案并融入职业规划当中，通过职业规划的方案提升大学生的目标规划能力。其次，大学生在职业规划中要积极抵制一些错误的思想，社会因素中也有部分思想对大学生的职业规划产生了消极的影响，如拜金思想、自由主义、啃老思想等，这些思想导致大学生在职业规划中容易出现形式主义的情况，因此在职业规划中教师要引导大学生自觉摒弃错误的思想和言论，真正制定职业规划并确保职业规划的可行。最后，大学生在职业规划中找到评价依据并通过多元评价的方案提高职业规划的合理性是大学生规划合理的有效保障。大学生在进行职业规划时会考虑社会发展的需求，如热门行业、热门岗位等，但这些内容中有的与大学生的专业不符，有的是大学生不喜欢的内容，这些都应以自身喜好、社会发展规律等为依据对社会因素进行合理的分析，在分析过程中完成职业规划的筛选，最终规划出符合自身发展实际的生涯规划方案并确保其可行。

（二）明辨周围因素，规划未来发展

周围因素的影响对大学生的职业规划影响比较大，包括大环境和小气候两种情况。大学生的周围因素对其影响并不是均偏正面或者都符合大学生的实际发展情况，因此，在发展过程中还需要进一步明确周围因素影响，通过客观分析的方式进一步规划未来发展并努力改变小气候，提升个人职业规划的能力和可行性。明辨周围因素要求大学生要从自身发展的角度去看待周围因素的影响：从学校大环境来看，高校环境对大学生个人的职业规划影响是比较大的，大学生要明确周围因素的影响并将其融入

自身职业规划当中，如高校的图书馆、自习室等都有着非常浓厚的文化氛围，在这些场所中学习大学生在自身职业规划中也容易受到周围因素影响，自然在规划的过程中会出现未来发展的积极性、正面性。反之、如果学生在学校生活过程中远离正能量，如部分高校生组建的社团以吃喝玩乐、拜金为主，自然也会对大学生的职业规划造成负面影响。因此，在指导过程中要帮助大学生明辨是非，从发展的角度去看待问题并在大学环境氛围中培养出积极健康的情绪内容。从宿舍小气候来看，理想的宿舍小气候都是积极向上，围绕着考公考研或者创新创业，但在实际的学习过程中，部分宿舍的小气候并不成熟甚至会出现集体逃课等情况，因此，在学习过程中应积极做好宿舍小气候的分辨，积极发挥自身能力营造良好的小气候并帮助大学生规划自身的行为，将宿舍小气候通过共建的方式实现向积极向上的转变，从而实现大学生职业生涯的集体规划。总之，对于周围因素的影响需要大学生明辨是非，其要学会在适应周围因素影响的基础上发挥自身的能量，将自身职业规划转化成为大学生发展的一部分，在发展过程中提升自身的综合素养，提升职业规划的合理性。

（三）制定个人发展规划，广泛征询意见

大学生在职业规划过程中应广泛征询意见，积极发挥自身的主观能动性，并与家庭因素相结合共同形成个人发展意见并在职业规划中体现出来。广泛征询意见是民主集中的过程，既可以发挥大学生的个人主观性，又可以帮助大学生从多角度对自身发展进行广泛研究，对个人职业规划具有重要意义。

制定个人发展规划需要广泛征询意见，帮助大学生在规划的过程中提升个人能力。广泛征询意见对大学生的个人发展有具体的影响，从规划情况来看，大学生在职业规划发展过程中会依据自身的喜好、性格等进行规划，看似符合自身发展实际，但一些规划的内容与社会发展、家长希望背道而驰，缺乏可行性，在发展过程中，通过广泛征询意见的方式可以帮助大学生学会合理根据自身需求制定发展目标。以游戏为例，有的学生爱好游戏，因此，想要从事游戏职业，其本身是没有问题的，但有的大学生在职业规划中加入了想要当一名职业游戏师并规划了沉迷游戏等内容，这些属于网瘾而非职业规划的内容，在制定时通过广泛征询意见的方式让大学生认识到这一点从而改变自身想法，纠正自身的错误行为。此外，广泛征询意见还可以帮助大学生制定一些具体的目标，如去考公、考研还是就业是学生职业规划中必不可少的内容，通过广泛征询意见的方式可以让大学生对这三方面的内容有进一步的了解，从而在发展过程中进一步改善自身行为和思想，在发展过程中帮助大学生解决实际问题并促进大学生学会合理规划自身发展。

（四）做好评价反馈，适时调整目标

大学生在职业规划过程中应学会评价反馈并根据实际发展的情况有意识地调整发展目标，从而确保整个职业规划的内容符合发展的实际，符合特定的职业规划要求，对大学生职业发展具有十分重要的意义。大学生的职业规划能力整体偏弱而且在发展过程中容易受到多种因素的影响，因此，在发展过程中通过指导大学生评价反馈的方式使其学会合理调整目标，如近些年短视频在学生群体中产生了积极的影响，部分大学生在职业规划中明确了短视频营销的具体目标和职业规划，但在发展的过程中发现自身并不适合短视频营销，而且在发展过程中自身的营销目标也没有完成，这种情况下则需要引导大学生调整自身的职业规划内容，选择自己喜欢的方向和专业性内容开展职业规划而不是盲目追寻短视频营销的职业规划，从而提升大学生规划营销方面职业的能力。适时调整目标是大学生生涯规划成熟的重要标志，在发展过程中需要逐步培养大学生的规划能力和自我调节意识。

大学生职业规划对大学生未来发展产生了积极的影响，在发展过程中高校要积极剖析影响大学生职业规划的具体因素，包括社会因素、周围因素和个人因素等，并根据大学生实际情况开展针对性的指导，提升大学生规划职业的能力和水平，实现大学生健康发展的教育目标。

第五章　大学生生涯决策

第一节　生涯决策理论概述

大学生生涯决策

一、社会学习理论

影响个体生涯选择的因素纷繁复杂，早期的研究者对这些影响因素的探究主要分为心理学和社会学两派。心理学家重视个体内在的发展，认为个体的兴趣、价值观念、人格特性等个人因素是影响职业选择的关键因素；社会学家则持不同的观点，认为社会经济环境、种族文化观、社会性别观、教育机会等环境因素是影响个体作出职业决策的关键因素。

克朗伯兹的社会学习理论源于美国心理学家班杜拉于 1971 年提出的社会学习理论，班杜拉的社会学习理论强调社会变量对个体行为影响的重要性，其核心在于重视人的认知、行为与环境的交互作用。作为职业生涯领域的研究者，克朗伯兹结合职业生涯研究的时代背景（20 世纪 70 年代末期），将班杜拉的社会学习理论引入生涯辅导，融合当时心理学和社会学两个学派的观点，提出职业决策的社会学习理论，强调个体内在发展，同时也将环境因素的影响考虑在内。

（一）理论的核心内容与发展

1. 核心内容

职业决策的社会学习理论提出了影响个体职业决策的四类因素：基因遗传与特殊能力、环境条件与事件、学习经验，以及任务技能。这一观点是该理论的核心内容。

基因遗传与特殊能力是指个体与生俱来的、非个人能控制的部分，如性别、种族，以及智力、操作能力等。这些因素在一定程度上限制了个体选择职业的自由，比如一个身材矮小的学生不会把打篮球作为自己的职业，因为先天的身高特性使其明显不具备从事这份职业的条件。

环境条件与事件具体指个人所处的外在环境及其中发生的事件，这一因素是个体难以控制且无法改变的，例如自然环境中的天灾人祸、资源多寡，社会环境中的政策条件、家庭条件、社会经济发展水平等。职业决策的社会学习理论认为，环境条件与事件制约着个体的职业选择和发展，比如个体接受的教育培育的目标、求职时获得的工作机会数量，或者就业后获得的职业报酬、职业培训质量等都会受到这一因素的影响。

学习经验在个体职业决策过程中发挥着重要作用。克朗伯兹将学习经验划分为工具式学习经验和联结式学习经验两种，并分别解释了不同类型的学习经验对职业决策的影响作用，具体如下：

第一，工具式学习经验，即个体在经历事件之后积累总结的学习经验。个体将事件的前因、个体的行为及事件的结果作为一种学习工具。其中，事件的前因可看作事件发生的基础和前提，包括前面提到的基因遗传与特殊能力、环境条件与事件。在前因的刺激作用下，个体会表现出内隐或外显的行为，具体包括内在的认知与情感变化以及外在的直接行为。个体的行为会带来事件的后果以及个体对行为后果的认知与情绪体验。整个过程实际上就是从经历的事件中获得反思和成长，从而积累经验。例如，个体入职所需的技能就是通过这个连续作用的学习过程获得的。

第二，联结式学习经验，即当个体接受某一中性刺激时，同时出现积极或消极的刺激，这时会使原本中性的刺激发生联结式反应，变得具有积极或消极的作用。联结式学习经验突出强调环境中的某些刺激会引起个体情绪上积极或消极的反应。职业的刻板印象就是通过学习的联结作用形成的。例如，当人们了解了自己某一位从事教师职业的朋友生活清贫之后，就会产生"教师是清贫的"这一刻板印象，这种刻板印象是个体根据某一实例产生的主观判断。联结式学习经验具有很强的主观色彩，在很大程度上影响着个体对职业的判断、选择和归属。

与职业相关的任务技能是克朗伯兹提出的第四类影响个体职业决策的因素。在前述基因遗传与特殊能力、环境条件与事件、学习经验的交互作用下，个体最终锻炼出相关的任务技能，前三类因素交互作用的结果直接体现在任务技能的性质和质量上。这些技能本身也会相互促进、互相影响。

以上四类影响个体职业决策的因素会发生交互作用，从而产生三种结果。社会学习理论第二层核心内容是围绕这三种交互作用的结果及其对生涯选择的影响展开的，这三种结果分别为自我观察的推论、任务技能和行动。自我观察的推论，即个体对自身处事方式及风格的评价，参照点为个体过去习得的经验，可能是自身的成绩，也可能是别人的表现。自我评价的结果决定了个体的"喜好"，是个体职业决策的标杆。任务技能是个体对环境的认知和表现能力的综合体现，用于解释这些能力与自我评价之间的关系，并对未来作出预测。任务技能在个体职业决策的过程中发挥着重要作用。行动是个体基于先天的各种特质与特殊能力，综合自我评价及后天学习经验后采取的引导个体走向未来职业发展的实际行为。

图 5-1 描绘了基于社会学习理论所描述的个体整个职业决策过程模式。在个体职业决策的过程中，影响职业选择的四个因素不断施加作用，使得职业发展的结果反复交互出现。自我观察的推论、任务技能和行动三种交互作用的结果没有先后之分，由此可见生涯选择是一个十分艰难且复杂的过程。

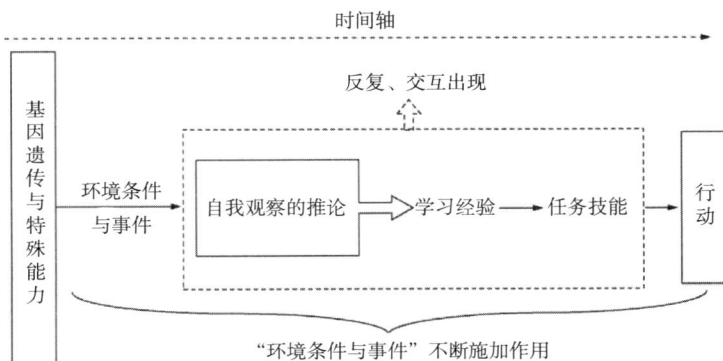

图 5-1　职业决策过程模式

2. 理论的发展

与其他职业生涯理论不同的是，职业决策社会学习理论特别强调社会影响因素与学习经验对个体职业选择的作用。随着对理论研究的深入，克朗伯兹关注人们应对快速变化的劳动力市场的需求，并认识到个体适应环境变化的重要性。多变的环境充满了偶然与不确定性，偶然事件（即非计划事件，例如一次偶然的会面、一次失约、一次临时决定的假期旅行、一份临时替补空缺的工作、一个新出现的个人爱好等）都可能对个体的职业选择与生命发展方向产生重要影响。为了突出外在因素影响的同时强化对偶然事件的接受性，克朗伯兹在已有研究的基础上提出了偶然学习理论，又称善用机缘理论，扩展前述的职业决策社会学习理论。偶然学习理论的核心要素包括对个体生活有重要影响且不可预测的社会因素、机会事件及环境因素。

偶然事件对个体职业与生命发展具有重要意义，能够提供有助于个体获得自我成长的学习机会，个体应该正视这些机会，主动采取计划性行动，以发现甚至创造新的机会。需要指出的是，偶然事件的发生并不仅仅是运气因素使然，某些个体相关因素也会引发偶然事件，比如个体的社会资本、教育背景等。基于此，克朗伯兹认为在个体具体的生涯选择过程中，不急于下决定的行为是可取且明智的，因为它允许个体有机会从计划外事件中受益。生涯教育与职业培训应培养并提升个体抓住机会的技巧，使个体对未来保持开放、自信、好奇的态度。

（二）理论的应用价值

克朗伯兹的社会学习理论强调个体行为与环境因素的交互作用，主要应用于个体生涯规划、生涯辅导的实践，对个体生涯的选择与发展、学校开展生涯教育相关工作都有很强的指导意义。基于该理论的学术研究数量有限，主要应用于生涯辅导实践。目前，一些研究者关注新时代背景下的职业教育及研究生群体的就业问题，并以社会学习理论为基础开展中职学校的生涯教育、解决研究生群体就业问题、针对就业质量的提升提出对策建议。

1. 社会学习理论在大学生职业生涯规划中的应用

大学生的职业生涯规划关注和解决的是大学生个体的发展方向与目标、建构知识与能力、实现路径与动力等问题，是提升人才培养质量的根本性因素。克朗伯兹的社会学习理论关注学习和变迁，重视各种影响因素之间的交互作用，可以为大学生职业生涯规划能力的提升提供针对性的理论指导。

（1）完善生涯辅导体系，促进交互作用最大化。完善的生涯辅导体系可以帮助学生全面系统地进行生涯认知和探索，科学有效地开展生涯规划，各影响因素也可以借助体系充分地交互作用，锻炼出个体所特有的工作取向技能以及对自我和工作世界的正确价值观念。

高校需要围绕师资培养、课程建设、平台搭建、活动设计等方面完善大学生的职业生涯规划体系。

在师资培养方面，通过培训和自主学习强化辅导员在生涯教育方面的知识积累，为职业生涯规划教育教学活动的开展奠定扎实的基础。

在课程建设方面，面向低年级学生开设更具有专业性的"职业生涯规划与指导"必修课程，从生涯觉知、生涯探索、决策执行与评估调整等各环节展开教育教学，帮助大学生树立职业生涯规划系统性思维，能够从职业生涯全局着眼，提高职业生涯规划的科学性和可持续性。

在平台搭建方面，高校在进行顶层设计时要有深刻的交互意识，积极创造条件与企业、政府、社会组织等进行深度合作，为学生职业生涯规划提供现实的实践实习平台，让学生在与社会的交互中强化学习效果，提升知识运用能力和问题解决能力。

在活动设计方面，需要与课程内容体系相配套，结合学生的生涯发展任务，既要开发面向全体学生的广泛性活动，又要设计面向特定群体的针对性活动，实现共性辅导和个性指导相结合、课程教学与实践活动相融合。

（2）促进生涯觉知与承诺，增强内驱力和精准性。生涯觉知与承诺是个体对职业生涯的全面认知以及明确对实现职业生涯目标的责任与行动，是科学有效地进行职业生涯规划的前提。个体对自我和工作世界具有明确的认知时，会增强职业生涯规划的内驱力和精准性。因此，高校需要多渠道开展职业生涯规划教育，帮助学生增进生涯觉知，合理定位，明确目标，付诸行动，一方面可以通过职业生涯规划课程唤醒学生的生涯规划意识，掌握生涯探索和决策执行的内容方法；另一方面可以组织开展丰富多样的生涯趣味活动，帮助学生强化理论知识的同时，在趣味游戏中更加深入地进行生涯探索、觉察，深化认知。生涯探索包括自我探索和工作世界探索两个内容，最终回答"我是谁""我能做什么""我可以做什么"等与职业生涯规划有关的关键性问题。

高校可以依托霍兰德的职业类型论、荣格的职业性格理论、舒伯的职业价值理论组织开展"生涯兴趣岛""疯狂动物城""淘取职业真金"等趣味探索活动增进学生对自我全方位的认知，通过"拨开职业迷雾""生涯人物访谈"等活动帮助学生了解行业发展和职业要求，便于学生做出科学精准的职业生涯选择。

（3）在改变中学习，创造更多的职业生涯可能性。职业生涯规划不是明确一个目标一成不变，也不是制订一个计划从一而终，而是通过规划可以让自己在不断变化的环境中始终有能力寻求一条适合自己的生涯发展之路，有效地解决生涯发展中的各种问题。克朗伯兹非常强调学习经验对生涯规划的影响，提倡个体在社会变迁中学习，同时关注生涯中的偶然因素。因此，大学生在进行职业生涯规划时必须树立应变的思维和意识，保持弹性学习状态，能够从不断变化的环境中更新知识、能力和完善个人的兴趣、价值观等特质，增进职业适应性，提升职业应变能力，以便能够抓住环境变化带来的职业机会。同时，克朗伯兹针对环境中的"偶发"事件提出了"善用机缘论"，认为个人要善于从偶发事件中学习，从中获得对自我新的认识，识别新的机会，果断采取行动，开创不同的职业生涯可能性。

2. 社会学习理论在解决研究生群体就业问题中的应用

已有研究发现，目前研究生群体就业主要存在以下问题：第一，就业压力大，心理承受能力不足。研究生群体属于高层次人才，但毕业时年龄相对较大，在选择职业的过程中除了职业本身的因素，往往还需要考虑自身家庭、生活方面的现实问题，在很大程度上增大了自身就业压力。第二，部分高校对研究生就业指导的工作不够到位。学校设立的就业指导机构多数情况下侧重于服务本科生群体，为研究生群体提供的有针对性的就业指导较少，且多停留于信息发布层面。第三，导师参与研究生就业指导的力度不够。研究生扩招使得每位导师指导的学生数量大幅增加，很多导师将更多的精力用于指导研究生的科研工作，对就业工作的关注变得极其有限。第四，研究生作为高学历群体，对自身定位往往较高，有较高的职业期望，但缺乏清晰的自我认知与社会经验，对职业本身的现状与未来发展状况及劳动力市场都缺乏一定的了解。

社会学习理论为解决研究生群体的就业问题提供了思路。研究结果表明，社会因素和学习经验是影响个体职业决策的关键因素，因此应基于社会学习理论从这两个方面入手。政府、高校作为外部条件应充分发挥对研究生的积极影响；研究生自身应积极探索、主动规划，充分发挥内在因素的促进作用；通过内外结合，着力解决研究生就业问题，促进就业质量的进一步提升。

第一，国家政策支持与学校干预是不可忽视的社会因素。一方面，政府及相关职能部门应以高层次群体人尽其才为目标，制定政策支持并优化研究生群体的就业环境；另一方面，学校作为培养和管理研究生群体的主体，应在响应国家政策的前提下，积极开展研究生就业指导工作，以及时解决现有工作中存在的问题，及时疏导研究生凸显的心理健康问题，如定期组织研究生就业创业活动、组织就业技能大赛、实施导师指导研究生就业的激励措施等。

第二，研究生自身作为学习经验积累的主体应发挥促进就业的主体性作用。首先，研究生需要不断深入认识自我，了解自身的优势与劣势，在认清就业形势的前提下找准自身职业定位；其次，研究生要有意识地拓展个人兴趣，丰富自己的学习经验，这有助于发展新的技能，改变错误的认知观念；最后，面对就业的压力，研究生还应有意识地增强自身的心理承受能力，积极参与学校组织的生涯辅导活动，进行自我职业生涯规划，提高管理自身职业生涯的能力。

总结以上研究，克朗伯兹的社会学习理论对生涯规划、生涯辅导工作有以下几点启示。

第一，积极探索个人特质。个体与生俱来的、非个人能控制的基因遗传与特殊能力是社会学习理论提出的影响个体职业决策的第一类因素，职业生涯规划应首先建立在职业与个人特质相匹配的基础上。因此，在进行职业规划时应首先探索、了解个人的特质。例如，可通过"一般能力倾向测试"探索个体的认知能力水平，通过"价值观量表"或"工作价值观问卷"探究个体的职业价值观。

第二，时刻关注外在环境的变化。环境条件与事件是个体难以控制且无法改变的因素，却在很大程度上制约着个体的职业选择与发展。虽然个体与生俱来的因素无法改变，但关注外在环境的变化、重视后天能力的培养与兴趣的扩展有助于应对新的职业机会及环境要求的变化。此外，职业本身也不是一成不变的，应聘时了解的职业内容和性质与正式入职后的实际岗位需求是有区别的，这就要求个体时刻关注变化、培养职业应变的能力。

第三，主动获取并积累学习经验，提高业务技能水平。社会学习理论强调生涯辅导不仅仅是将个人特质与工作相匹配，重点在于个人应参与各种不同性质的活动，从中获得多种多样的学习经验，学到的这些技能都有可能在未来的工作中派上用场，并能拓展个人的兴趣，培养适当的自我信念和世界观。因此，生涯教育应当融入普通教育之中，要重视学习经验的日常积累与技能的提升。

第四，重视偶然学习的作用。社会学习理论强调环境的重要影响，克朗伯兹在已有研究的基础上进一步延伸，提出偶然事件在个体职业生涯发展过程中的重要意义。偶然因素或非计划事件在现实世界普遍存在，这类事件除了增大了职业发展的不确定性，也为个体提供了潜在的职业发展机遇。克朗伯兹认为，对个体职业生涯产生重大影响的偶然事件其实并非偶然，它是环境变化带来的必然结果。因此，个体应充分认识和利用偶然事件，并主动采取行动，通过偶然事件积累经验、提升自身技能。

（三）影响职业决策的四个因素

1. 遗传因素和特殊能力

我们的基因和特殊能力会使我们在某些领域具有天赋和优势。例如，有些人天生就很善于逻辑思考，这可能使他们更适合从事科学或技术领域的工作。这些因素可能会影响我们的职业决策，因为我们可能会选择一个与我们的优势相符的职业。

2. 环境因素和事件

我们所处的环境和经历过的事件也会影响我们的职业选择。例如，我们可能在成长过程中受到特定的社会或文化影响，这可能会影响我们对某些职业的看法；我们也可能经历过某些事件，如面试失败或工作受挫，这可能会影响我们对一些职业的兴趣和信心。

3. 学习经验

每个人独特的学习经验在决定其生涯路径时起到非常重要的作用。克朗伯兹社会学习理论提出了两种学习经验类型：一是工具式学习经验。出色的生涯规划、职业发展和职业表现所需的技能都可以通过不断积累的工具式学习经验而获得。二是联结式学习经验。我们对于职业的刻板印象，如"公务员岗位都很清闲""中小企业的薪酬都是没有保障的"等，都是通过联结式学习经验习得的。

4. 工作取向的技能

工作取向的技能是指我们喜欢和擅长的工作类型。例如，有些人喜欢处理数字，而另一些人喜欢跟人打交道。这些技能也会影响我们的职业选择。

上述四个因素之间的相互作用是非常复杂和微妙的，一般很难将个人的某个信念认定为某些因素相互作用形成的，其中各个因素的作用如何也难以判定。

（四）各种影响因素之间交互作用的结果

克朗伯兹认为，在个人发展的过程中，上述四个因素会不断交织，推动形成对自我的推理、对世界的推理、工作技能及行为，从而影响一个人的学习经历、期望以及行动。个人的兴趣、价值观等都是学习过程中的结果。如果个人学习经历不足或者不当，可能会导致出现错误的推理、单一的比较标准、夸张的灾难情绪等问题，这些问题会影响生涯发展。

因此，克朗伯兹特别强调丰富而适当的学习经验的重要性。有关这四种因素交互作用的结果，一般有以下三种。

1. 自我观察推论

自我观察推论指的是个人对自身的评价。以过往学习经验为基准，参照自己之前的成果、其他人的表现及态度等，进而判断自己的表现。克朗伯兹指出，心理学家通过量表测量的内容，包括兴趣、价值观等，均属于自我观察推论的范畴。自我观察推论中最重要的内容是"爱好"，如喜欢科研而不喜欢营销，或者热衷于与人交往而不爱孤独等，这些爱好是生涯决定中重要的衡量标准。

2. 世界观的推论

世界观的推论指的是个人对所处环境的观察，以及对未来可能出现的职业世界的预测。就像自我观察推论一样，世界观的推论也是基于学习经验之上的，它具有一定的主观性，不一定完全准确，取决于个人的学习经验是否丰富。

3. 任务取向的技能与生涯决定

任务取向的技能指的是个人通过学习获得的各种认知和表现能力，这些能力与个人的职业发展经历有关，能够在职业规划过程中得到应用。工作习惯、情绪反应、思维过程、解决问题的能力等技能可以帮助个人适应环境，更好地解读自我观察推论和世界观的推论之间的联系，从而有效地预测未来。

（五）**职业决策的步骤**

1977 年，美国心理学家克朗伯兹提出了一个行之有效的职业决策模式，该模式分为以下七个步骤，帮助人们进行职业决策。

1. 对自己的需求和限制进行界定

在做出任何决策之前，需要了解自己的需求和限制。这包括技能、兴趣爱好、价值观、经验、教育和专业经验等。

2. 制订行动计划

一旦了解了自己的需求和限制，就需要制订一个行动计划。这个计划应该包括职业目标、所需的技能和培训、时间表等。

3. 清晰定义价值

需要确定自己所重视的价值观，以便在做出职业决策时将其纳入考虑。这些价值观可能包括家庭、健康、社交关系、职业成就等。

4. 搜索可能的选择

一旦明确了自己的需求、限制和价值观，即需要开始搜索可能的职业选择。这可以包括向朋友、家人和职业顾问寻求建议或在招聘网站上查找相关职位。

5. 评估各种可能的选择

一旦找到了一些潜在的职业选择，即需要评估每个选择的优缺点。这些评估标准可能包括薪资、工作条件、工作内容、工作地点等。

6. 系统地淘汰

需要对可能的职业选择进行筛选，将其缩小到一到两个最好的选择。这可以通过对每个职业选择与自己的需求和限制进行对比，以及与自己的价值观相符合程度等方面进行评估。

7. 开始行动

需要采取行动并开始执行自己的职业计划。这可能包括申请工作、参加面试、接受培训、规划职业发展等。

这七个步骤可以帮助我们进行有效的职业决策，确保选择了最适合我们的职业道路。

二、认知信息加工理论

20 世纪 70 年代初，认知信息加工理论由美国心理学家 G. 彼得森、J. 桑普森、R. 里尔登和 J. 伦兹于美国佛罗里达州立大学创立，后经历了多次修订。该理论在生涯辅导创始人 F. 帕森斯的生涯决策三步模型的基础上，结合了生涯决策相关理论以及认知心理学中认知信息加工理论，旨在帮助人们发展认知信息加工能力，成为有效的生涯问题解决者和生涯决策者。

认知信息加工理论的精髓是将生涯决策所需的全部信息加工能力构建为一个认知信息加工金字塔，这个金字塔有三层，包括位于金字塔底端的知识领域、处于中间的决策技能领域和位于顶端的执行加工领域。

（一）认知信息加工金字塔模型

认知信息加工金字塔模型是一个职业生涯选择的综合模型，涵盖了各个细节和方面。这个模型从塔底知识领域开始，包含自我认知和职业认知。在这个领域，个人需要了解自己的兴趣、价值和技能，以及职业领域的基本知识和要求。

在自我认知和职业认知的基础上，职业生涯选择需要掌握决策技能领域。这个领域包含五个能力：沟通、分析、综合、评估和执行。沟通能力是一个重要的职业技能，能够帮助个人与他人有效地交流和协作。分析和综合能力是帮助个人理解和解决问题的关键。能力评估能够帮助个人了解自己的职业优势和劣势，以及职业市场的需求。执行能力是将决策付诸实践的能力。

最上层的部分称为执行加工领域，也被称为元认知。这个领域涉及个人的自我监控、自我适应和自我管理能力。在这个领域，个人需要了解自己的职业目标和职业发展路径，并且制订可行的计划和策略来实现这些目标。

（二）CASVE 循环

如图 5-2 所示，CASVE 循环是一种职业生涯规划的决策技术，在认知信息加工金字塔模型的第二层，即决策技能领域对应的"一般信息加工技能"。

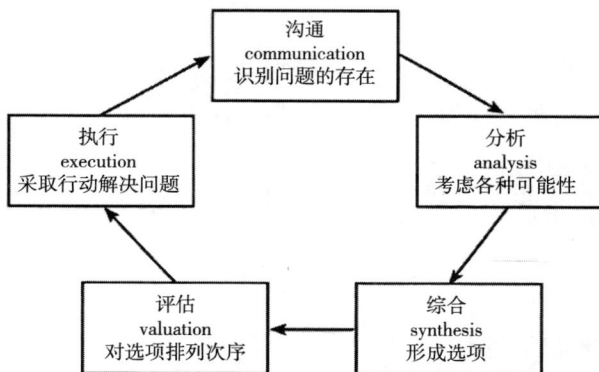

沟通
communication
识别问题的存在

执行
execution
采取行动解决问题

分析
analysis
考虑各种可能性

评估
valuation
对选项排列次序

综合
synthesis
形成选项

图 5-2　CASVE 循环模型

CASVE 模型强调职业生涯咨询是一个持续不断的学习过程。认知信息加工金字塔模型为生涯咨询师提供了一个理论框架，以便协助来询者；CASVE 循环模型则是一种决策模式，有助于培养来询者解决问题的能力。最终，获得生涯决策能力，可以被看作一种学习策略。

CASVE 循环包含五个阶段，见表 5-1。

表 5-1　CASVE 循环

阶段	任务	具体内容
沟通	确认需求	个人开始意识到问题的存在，以至于需要考虑出具体的措施：从情绪上（如焦虑、厌烦、倦怠、失望和不满）、身体上（如头疼、职业病痛、提不起精神）以及外界的反馈（如父母、朋友、同学等对自己职业的评价和询问），都可以让自己意识到问题的存在。仔细观察和思考，会发现存在着不可忽视的差距，因此需要自身做出一定的选择
分析	将问题的各组成部分相互联系起来	花时间深入观察、思考、分析和研究问题的根源，加强自我反应能力，进行自我知识分析，分析各种选择，不断提升自身知识水平，结合家庭需求和职业选择，最终弄清差距产生缘由。将各种影响因素与职业知识联系起来，比如把自身知识与职业选择结合起来，纳入家庭需要进行职业选择
综合	形成选项	综合前面提供的信息，通过"扩大并缩小选择清单"，制订解决差距的行动计划，弄清我能做些什么来解决问题。"扩大并缩小选择清单"指的是，首先采取发散思维（比如头脑风暴），尽可能地找出解决差距的方法，随后深入思考每一种办法，缩减有效办法的数量（一般是三到五种选择），以适应大脑的最佳容量
评估	评估选项	要求自己对每一种选择都评估出它对自己和他人的影响。例如，如果我们在学习成绩中等的情况下仍选择参加娱乐类学生社团，这一选择将会对自己或父母等重要他人造成怎样的影响？要求从对自己和他人的代价和益处两方面进行综合考量，并且考虑物质上和精神上的因素。根据综合阶段得出的结果，对选项进行排序，将能够最好消除差距的选项排在第一位，其次是次优的选项，以此类推，最后选出最佳选项，承诺去实施这一选择
执行	策略的实施	依照选择的方案做出行动，把思考转换为行动

CASVE 循环是一个多次重复的过程，在执行阶段之后，职业决策者又回到沟通阶段，以确认已经做出的选择是否是最佳的，是否可以有效地缩小理想与现实的差距。

用系统的方法执行这五个阶段，能够大大提高工作和学习的效率。

认知信息加工理论是基于解释大脑如何接收、编码、存储并运用信息和知识来处理职业生涯问题和作出职业生涯决策的概念而构建的。它更关注于涉及职业生涯问题解决和职业生涯决策的思考和记忆过程，强调职业生涯问题的解决是一种认知过程。

三、职业生涯决策的 PIC 模型

职业生涯决策 PIC 模型——预筛选、深度探索和选择（PIC model for career decision making：prescreening，in-depth exploration，and choice）的提出源于加蒂认识到个人—环境匹配取向以及规范性职业生涯决策理论存在问题。加蒂等人认为，个人—环境匹配取向除了如奥西波夫所总结的三大挑战（"我们如何评估个人""我们如何衡量环境""我们如何比较个人和环境的匹配程度和匹配质量"），最大的问题之一是过分强

调"匹配度"这一概念，往往导致个人的特质（比如兴趣、需求、价值观等）与其所处环境之间出现僵化匹配，而不是鼓励个人在职业生涯决策过程中发挥积极作用。事实上，人们的职业选择常常是一个动态、交互的过程。规范性职业生涯决策理论虽然解决了上述问题，为个体提供了一个系统性、分析性的职业生涯决策过程指导框架，但是人们的认知局限以及时间和金钱限制常常使规范性职业生涯决策模型在现实生活中显得不切实际。首先，当潜在选项很多时，如果没有计算机系统和数据库，这些模型就不适用；其次，规范性职业生涯决策模型可能会被认为过于理性和抽象，不太适合喜欢反复思量的人；最后，规范性职业生涯决策理论涉及太多强制计算而缺乏直觉上的吸引力。因此，对于大多数人来说，规范性职业生涯决策理论显得太过武断和复杂。事实上，出于简化复杂决策问题的需要，人们经常违反规范性职业生涯决策模型的基本假设，即采用启发式而不是对所有潜在选项进行评估。为解决个人—环境匹配取向以及规范性职业生涯决策理论存在的问题，加蒂等人于 20 世纪 80 年代中期提出了职业生涯决策的 PIC 模型。后来经过加蒂等人的一系列修正，最终形成完善的 PIC 模型。

（一）理论的核心内容

受到阿莫斯·特沃斯基的影响，加蒂认为人类的认知是有限的，因此职业生涯决策模型应该致力于优化个人职业选择过程，而不是最优化或最大化期望效用。同时，加蒂还认为咨询师在帮助来访者进行职业生涯决策时应该放弃最大化效用这一不可能达成的目标，而是帮助来访者作出足够好的或满意的职业选择。因此，从模型类型来说，PIC 模型是一个指导性的决策模型。从匹配角度来说，PIC 模型的目标是帮助个人实现与职业之间的匹配。与其他个人—环境匹配理论不同之处在于，PIC 模型不仅聚焦于匹配这一结果，而且更加重视达成匹配的过程。PIC 模型理论体系包括七个基本概念、职业生涯决策准备性评估和职业生涯决策三个阶段。

1. 七个基本概念

（1）职业相关方面。职业相关方面是指所有能够被用来描述个人偏好和职业选项特征的相关变量。比如，个人偏好包括职业兴趣、工作价值观、人格特征等；职业选项特征包括收入、培训时间、对社会的贡献、在室内或室外工作、手指灵活度等。相较于个人—环境匹配理论常常只依据单一变量（比如兴趣、价值观等）对职业选项进行预筛选，PIC 模型建议采用职业相关方面对职业选项进行预筛选。因为职业相关方面可以将现有个人—环境匹配理论没有描述的职业变量纳入进来，所以 PIC 模型采用职业相关方面描述个人和环境，可以帮助决策者获得更好的个人—环境匹配。

（2）职业选项的核心方面。PIC 模型认为，并不是所有方面对描述特定职业选项都同等重要；相反，它们在相关性和重要性上有所不同。核心方面是指那些能够被用来描述一个职业的本质特征的至关重要方面。例如，"非常规工作时间"和"密集使用语言能力"是新闻记者的显著特征，因此"工作时间"和"使用语言能力"是新闻记者这一职业的核心方面（而"手指灵活度"不是）。然而，这两个方面对于数学家这一职业的特征描述可能就不太重要，甚至不相关。PIC 模型指出，定义职业选项的核心方面很重要，因为在职业选择过程中，相对于考虑所有方面，只考虑职业选项的核心方面并进行个人与职业之间的匹配可以帮助个体获得更高的职业选择满意度。

（3）方面对个体的相对重要性。认知的局限以及资源的有限（比如时间、金钱）不允许决策者在预筛选或比较备选方案时考虑所有方面，因此有必要确定在特定情况下对个人来说最重要的方面。PIC 模型特别指出，为了避免做出不切实际的选择，决策者在确定方面对个体的相对重要性时必须考虑到个体身体或外部的限制（如残疾、配偶工作的地点）。

（4）方面内水平。方面内水平是指职业相关的每个方面在质量或数量上的变化水平。例如，"声望"可以分为非常高、高于平均水平、平均水平、低于平均水平和较低五个水平。

（5）方面内偏好。方面内偏好是指个体对职业相关的每个方面的偏好程度。PIC模型将个体对特定方面的偏好程度依次分为最佳的、可接受的和不可接受的三种水平。方面内偏好反映了个体在职业生涯决策过程中对特定方面的妥协意愿。例如，一个人可能认为"只在室内工作"是最佳的，但愿意考虑"主要在室内工作"这一可接受的替代方案。方面内偏好与方面对个体的相对重要性虽然存在一定关联，但是加蒂等发现两者只存在中等程度的相关性。PIC 模型认为，将方面对个体的相对重要性与方面内偏好区分开是非常重要的，因为对个体相对重要的方面并不一定意味着个体会显示出非常高的偏好水平。

（6）结构化和非结构化信息。PIC 模型认为，有关职业选项的信息可以分为结构化和非结构化两种形式。结构化信息是指按领域组织起来的分类或数量化信息，使个人能够在数据库搜索并找到具体职业说明（比如高中以上的培训时间为一年或一年以下，不需要使用计算机）。非结构化信息是指"软"数据，这些数据没有明确的方面内水平，可能是有偏差的，因为它们高度依赖信息提供者的主观感知以及数据库编辑和开发人员的判断。尽管如此，与结构化信息一样，在职业生涯决策过程中也需要考虑非结构化信息。当备选方案数量很大时，结构化信息有助于快速预筛选备选方案，而非结构化信息对于了解备选方案的"真实"本质并对其进行精确比较非常重要。

（7）敏感性分析。敏感性分析是指检查决策过程中输入信息的变化对决策结果的影响。比如，个人偏好的合理变化或者职业选项信息的变化是否会影响特定职业选项是否适合的认定。敏感性分析还意味着检查关键信息的有效性，不敏感则增强了个人对决策结果的信心。一般而言，个体在决策过程中每个阶段末期都需要进行敏感性分析。

2. 职业生涯决策准备性评估

职业生涯决策是一个复杂的任务，需要个体仔细考量。PIC 模型指出，在正式进入职业生涯决策三个阶段之前，必须问自己如下几个问题。

（1）你知道系统地作出职业生涯决策需要哪些步骤吗？

（2）是否愿意花费必要的资源（如时间、精力、金钱）作出职业生涯决策？

（3）是否愿意对自己诚实，找出自己的长处和短处？

（4）准备好应付可能的冲突了吗？

（5）做决定时需要帮助吗？如果需要的话，知道从哪里可以得到帮助吗？

（6）是否准备好对即将作出的决定负责？

职业生涯决策的准备还包括处理功能失调的职业生涯信念、思维与非理性期待。比如"有一个完美的职业在等着我""咨询师会给我找到正确的职业"等都表明决策者对职业生涯决策的准备不足，会阻碍职业生涯决策过程的进行。

3. 职业生涯决策三个阶段

PIC 模型将职业生涯决策分为预筛选潜在选项、深度探索、选择最适合选项三个阶段。

（1）预筛选潜在选项阶段：在许多职业生涯决策情境中，潜在选项（比如专业、大学、职业）的数量是非常庞大的。由于认知资源有限，决策者不可能像规范性决策理论所要求的那样将所有潜在选项都纳入考虑范围。PIC 模型认为，理想的做法是对潜在选项进行预筛选，减少选择数量（比如 7 个或更少），进而产生一组可管理且有可能适合个体的选项。通过预筛选，这些"有可能适合"的选项在决策的后续阶段会被关注到，而不被视为"有可能适合"的选项将被忽略掉。因此 PIC 模型指出，个体在预筛选阶段必须谨慎，以尽量降低将有可能适合自己的选项排除在外的可能性。

为获得一个有可能适合的职业选项列表，PIC 模型指出个体对潜在选项进行预筛选需要经历五个步骤。第一步，选择相关方面。搜索有可能适合的选项是建立在个人偏好（如工作环境、培训时间、工作时间、与人的关系类型等）基础之上的。受认知和其他资源限制，考虑所有可能方面是不切实际的。因此，个人必须从众多与职业相关方面中选择自己关注的方面。第二步，相关方面排序。在许多情况下，并非所有被确定为相关的方面都应该被考虑。决策者应该按重要性对相关方面进行排序，然后从最重要的方面开始搜索，接着搜索第二重要的方面，以此类推。第三步，确定重要方面的可接受水平。第四步，将个人可接受水平与选项的特征水平进行比较，并消除不匹配的选项。经过比较后，个体会将那些超出自己可接受范围的选项排除掉。第五步，敏感性分析。确定了一组有可能适合的职业选项之后，个体需要重新回到上述步骤，并对如下问题进行检查：①个人偏好是否会发生改变？②为什么某些直觉上有吸引力的选项，经过系统搜索之后被排除？③仅仅因为选项与个人某一偏好存在微小差异就被排除是否合理？

为使上述五个步骤能够顺利进行，基于特沃斯基的理论，PIC 模型演化出了序列消除策略。序列消除策略开始于筛选所有潜在选项，终止于将个人可接受水平与选项的特征水平进行比较。序列消除策略的基本思想是排除那些与决策者偏好不相容的选项以确定一组有可能适合的选项，使得决策者即使在潜在选项非常多的情况下也能够非常容易地、系统地进行搜索和比较。

（2）深度探索阶段。该阶段的目标是确定一些真正适合个体的职业选项。为达成这一目标，决策者在此阶段需要进行适合度检验。

PIC 模型认为，决策者需要从两个方面对个人偏好与职业选项之间的匹配度进行检验。第一，选项适合我吗？具体包括两个方面的行动：①验证选项与个人偏好中最重要的方面的匹配性。②检验选项与个人偏好中不太重要的方面之间的匹配性。不太重要的方面在预筛选阶段可能没有被考虑到。注意，在深度探索阶段个人偏好有可能发生调整。第二，我与选项匹配吗？具体也包括两个方面的行动：①验证个人与职业选项核心方面的匹配性，即个人是否确实满足职业选项核心方面所提出的要求（比如个人是否愿意轮班工作是护理人员的核心方面）。②检验个人实现选项的可能性，即个人先前经历能否达到该职业选项的必备要求；如果现在达不到的话，是否有其他方式（如参加培训）可以增大个人实现选项的可能性。关于适合度检验的顺序，PIC 模型认为是由个人收集到信息的顺序及其重要性决定的，而不是某方面对个人的重要性。另外，在深度探索阶段，PIC 模型还特别强调非结构化信息的作用，因为这类信息可以帮助决策者更好地理解每个职业选项的本质特征。

（3）选择最适合选项阶段。该阶段的目标是根据个人偏好和能力，选择最适合的职业选项，并在必要时选择次优选项。经过深度探索之后，会出现两种可能：决策者获得一个最适合的选项；决策者获得两个或两个以上适合的选项。对于第一种情况，决策者不再需要进一步选择，直接执行选项即可。如果有两个或两个以上适合选项，则要求决策者采用决策平衡单、SWOT分析、优势结构搜索等决策技术进行利弊权衡，选择最适合的选项。然而，职业生涯决策经常是在不确定情况下作出的，即经常不能实现最适合的选项。此时，决策者需要选择第二、第三甚至第四适合的选项。最后，无论是选择了最适合的还是次适合的职业选项，决策者都需要对自己的选择进行主观评估。如果不满意或没有信心，那么就要重新思考整个决策过程，直到确信作出正确选择为止。

（二）相关评估技术与测量工具

MBCD帮助用户根据自己更重要方面的偏好找到值得深入探索的职业选项，从而提高预筛选的效率。

1. 职业相关方面

MBCD最初只包括17个职业相关方面，新修订的MBCD包括以下31个职业相关方面：指导与教学、团队合作、旅行次数、地位、身体保健、语言能力、多样性、提供心理健康服务、社区服务、工具与仪器、经济安全、分析能力、艺术能力、工作时长、谈判技能、接触动植物、灵活的工作时间、专业发展、管理、技术能力、独立性、咨询、组织能力、个人责任、数字能力、权威性、使用计算机、培训时长、收入、与公众合作、工作环境。个人偏好和职业特征都用这31个方面进行描述。

2. 方面内偏好

MBCD采用五级量表，要求用户对其识别出的重要方面（一般要求选择10~15个重要的方面）进行评价。比如，工作环境被分成：1为只在室外、2为主要在室外、3为室外和室内大致相同、4为主要在室内、5为只在室内。对于每个方面，系统会自动播放一个简短的视频解释"方面"的含义，并提供与此方面相关的职业示例。在所选的10~15个方面中，用户需要报告自己在每个方面的最佳水平和可接受水平。MBCD系统会根据方面内偏好水平与职业数据库（305个职业）中每个职业的特征水平进行比较，消除与个体偏好不匹配的职业选项。匹配完成后，用户会得到最符合他们偏好、少量且可管理的职业清单，这些职业被推荐进入深度探索阶段。

（三）理论的应用价值

作为一个动态、灵活的指导性职业生涯决策模型，PIC模型认为个体在职业生涯决策的所有阶段都发挥着重要作用，并允许个体根据自身实际情况进入职业生涯决策的不同阶段。比如，如果个人事先已经有了一个数量较少的、有可能适合的职业选项清单并且希望跳过系统的预筛选阶段，那么其可以立即从深度探索阶段开始。此外，PIC 模型还允许个体在决策过程中前后移动。例如，如果个体在深度探索阶段发现某一特定方面对他们来说比先前判断的更重要，那么其可以返回至预筛选阶段，并根据调整后的个人偏好再次执行序列消除过程。

此外，虽然 PIC 模型被描述为一个在特定时间内执行的三阶段决策过程模型，但是同样适用于个人一生的职业生涯决策。因为，PIC 模型承认个体的经验可能会从两个方面改变个人的职业偏好：调整职业相关方面的重要性；改变个体认为最佳和可接受的特定水平。需要特别提出的是，PIC 模型虽然是一个基于认知观发展起来的决策模型，但是它同样承认人类直觉、情感等非认知因素在职业生涯决策中的作用。生涯咨询师可以运用 PIC 模型框架促进来访者积极参与职业生涯决策过程，而不是让来访者期望咨询师帮助其找到一个最匹配的职业。当然，作为一个系统性、分析化的职业生涯决策模型，PIC 模型在建立智能专家系统方面也具有非常广阔的前景。

四、求职质量的自我调节理论

在当今的劳动力市场上，经济环境和工作要求不断变化，人们不得不面对失业、工作不安全和更加灵活的就业协议。人们需要更高的适应性、就业能力和主动性以应对劳动力市场的挑战。大多数人一生会经历若干次搜索新工作，例如失业后、离职跳槽时、大学毕业后。求职是贯穿人们职业生涯的一项重要活动，主要包括阅读招聘广告、搜索职位信息、求职准备工作、对潜在雇主进行了解以及参加面试等活动。

霍夫特认为，大多数关于求职、失业、职业转换和离职的多阶段过程的实证研究和理论集中关注人们求职行为本身，即研究人们在寻找工作上花费的时间和精力（即求职的努力程度）对就业成功的影响。施瓦布指出，择业和就业质量取决于求职者获取有关职位空缺的信息来源和求职意愿。格里菲斯、坎弗的研究证实了求职数量对预测新工作的重要性，但求职数量（即求职活动的频率和努力）通常只能解释不到10%的就业结果差异。原因可能是，除了求职数量，还有许多其他非个体因素对就业结果产生影响，如劳动力市场需求、雇主的偏好、求职者的人力资本和社会资本等。霍夫特将求职比喻为在黑洞中导航，要考虑求职者不同的求职背景和多层次的适应性反应。坎弗指出，求职活动的类型和质量也是影响求职结果的一个重要维度。例如，当自我定位不准确时，即使求职者花大量时间寻找职位空缺也不太有效；或者，求职简历写得不好，也不太可能得到积极的回应。那么，如何培训人们，使其更有效地寻找工作？霍夫特提出人们的求职质量对于求职及就业过程具有重要影响，认为更好地了解求职质量对于改善求职过程、促进就业成功和提升就业质量至关重要。

霍夫特在职业心理与求职领域的成果较集中，最具代表性的一篇整合性文章发表于 2012 年，这篇文章构建了基于自我调节理论的求职质量的概念化理论框架，他之后的文章大多围绕此框架展开实证研究。他的主要成果有：第一，界定和描述了求职质量的组成维度，并且将这些维度之间的关系及相关研究综合到求职质量的概念化理论框架中；第二，构建了关于求职质量影响因素的理论；第三，将之前仅仅关注求职数量的求职研究领域拓展至求职质量评估。

（一）理论的核心内容

1. 求职质量概念的起源

（1）求职数量与求职质量。在霍夫特之前，求职质量没有真正概念化。虽然与求职质量有关的概念已在学术界出现过，但直接研究很少，大多是间接的，且分散在不同领域的文献中，缺乏在整体意义上关于求职质量的连贯讨论，以及关于求职的前因变量和结果变量及其相互关系的理论研究。霍夫特借鉴市场营销和全面质量管理领域的研究，主张区分求职行为质量和求职过程质量，并对求职过程进行概念化，使其成为一种可以通过高度自律来调节的求职概念。

（2）求职质量的定义。霍夫特认为，求职质量由行为质量和过程质量组成，高质量的求职行为可能引发高质量的求职过程。霍夫特对已有的求职理论和模型进行扩展，利用自我调节理论提出了四阶段循环自我调节模型，开发了多阶段工作搜索质量过程框架，具体说明了求职过程质量的构成要素，包括改进、扩展和指定高质量的职位搜索过程所需的内容；建立了关于质量组成各要素之间的相互关系的理论，并分析了求职质量的前因变量和结果变量，以及二者的相互关系。

霍夫特提出了外部的、面向组织的质量定义和内部的、基于求职者的质量定义。高质量的求职是指求职行为符合 / 超过劳动力市场需求的期望。这个定义在某种程度上是从雇主、招聘人员、评估人员、招聘经理、就业顾问的主观视角出发，评价求职者的产品（如求职简历、申请函）或行为（如人际关系、面试行为）符合 / 超过他们的期望。这个定义的特点在于，明确了高质量的求职最终取决于对劳动力市场需求方的评估。可能在每一个行业中，对于什么是高质量的招聘或面试这一问题有不同的观点。而对于要求很高的一些组织（如大学），求职质量的定义在很大程度上是固定的。

内部化的求职质量则侧重从求职者个体的视角来看，高质量的求职是指个体符合某些既定标准和规范的求职。为了制定具体的质量标准和规范，求职者应按其构成要素和质量标准进行分类，并为每个要素开发质量标准。然后，这些质量标准可以为求职者和他们的顾问提供参考，指导求职者进行高质量的求职工作。

（3）求职质量的多阶段性。由于求职过程具有多阶段性质，求职过程质量不能概念化为单一的结构，其本质上是多维的，囊括求职过程的所有阶段。求职是一个复杂而困难的过程，涉及多种能够使用的方法和渠道，以及求职者的多种行为。求职者通常不清楚哪些方法、渠道和行为是有效的。高质量的求职过程的特征是求职者会按周期计划分析所执行的工作搜索活动，通过分析和反馈有计划地调整和改进工作搜索行为。高质量的求职行为在高质量的求职过程中更有可能出现。

2.求职质量的影响因素

（1）求职质量的前因变量。

①个体差异。在霍夫特的一系列实证研究中，关于个体求职行为的研究成果是最多的。霍夫特认为，个体的求职知识和技能、动机强度和类型、自我调节能力和求职认知（如自我效能感和个人控制能力）最能预测求职质量的个体差异。求职知识和技能是指具备进行高质量求职的知识和技能，是求职过程质量的必要前提。求职者获得新工作的动机越强，他们就越有可能分配需要的资源进行自我调节和高质量的搜索。行动导向高的失业个体的求职意愿更强，并将求职意图转化为实际的求职行为。求职自我效能感是指人们对自己进行各种求职活动的能力的信心，人们的求职自我效能感越高，他们设定的目标越高，对目标的承诺越强，在失败和挫折之后放弃的可能性就越小。求职自我效能感与求职过程质量成正比，也与求职成功率成正比。霍夫特发现，学习的目标导向提高了再就业的成功率，因为求职者不但会增加工作搜索数量，而且会分析和改变求职策略。

②情境因素。诸如个体的财务需求和社会背景之类的情境因素会影响求职过程的质量。

财务需求与求职强度成正比，而与求职成功率成反比。财务需求可能促使人们在没有太多前瞻性和反思的情况下进行求职，导致目标清晰度降低，规划较少，搜索杂乱无章（搜索过程的所有指标质量都较低）。财务需求还可能对求职者造成强烈的心理压力，对幸福感产生负面影响。

另一个重要情境因素是社会背景。建立有用的社交人脉关系可能会对求职过程质量产生积极影响，工具性和情感性的社会支持能提升求职质量。在求职过程中，社交联系人可以为求职者提供鼓励等情感社会支持，有助于求职者的情绪控制。此外，社交联系人可以提供工具性社会支持，如为求职活动提供建议、信息、帮助和反馈，帮助求职者设定清晰的目标、制订合适的计划并获得有关目标实现的诊断信息。

霍夫特还通过实证研究揭示了在线干预措施可以提高人际网络的强度、人际网络的自我效能感和人际网络获益，进而产生更高质量的再就业。较内向的个体在得到干预后，其人际网络自我效能感和再就业质量方面得到了积极改善。这项研究揭示了在线干预提高再就业成功率的机制。霍夫特的团队还研究了荷兰少数民族失业妇女的特定求职自我效能信念和行为，发现网络自我效能感是少数民族女性求职行为的主要预测因素。

霍夫特对求职者对失业保险慷慨度的感知做了实证研究，发现失业保险通过减小时间压力和财务压力而带来更高的安全感及心理健康、提升再就业质量等，为失业保险政策制定提供了参考依据。霍夫特还探索了就业指导师对求职者认知与态度评估的价值，证实就业指导师对失业求职者的求职强度评估具有重要意义。

（2）求职质量的调节变量。霍夫特认为，作为调节变量，劳动力市场需求与求职质量负相关、与求职质量与求职成功的关系负相关（即劳动力市场需求低时，求职质量与求职成功的关系更强）。当工作稀缺时，求职者可能与更多其他人竞争同样数量的工作。在保持求职者特征（如教育水平、工作经验、认知能力等）不变的情况下，求职质量更高的求职者将更有可能符合/超过招聘组织的期望，因为他们的承诺更高，准备更好，且能更好地控制情绪和自我监控。因此，当劳动力市场需求低时，求职质量对于求职成功更加重要。来自劳动力市场的关于未能找到合适的工作机会或（重复）被拒绝的反馈可能引发高质量的工作寻找过程。例如，在有许多职位空缺的劳动力市场中，求职者可能更容易以计划外、无序的方式进行漫长的寻找和思考，因为工作机会很多。但是，在劳动力市场不景气的情况下，求职者失败和被拒绝的可能性很高，这可能会使求职者反省自己的目标、策略和行为，从而通过明确目标来提高求职过程质量并增加对选择策略和适当策略的关注。

霍夫特还研究了性别与家庭因素的调节作用。他们在荷兰全国范围内的大规模抽样调查中，根据性别和家庭状况，探索了求职行为的前因和后果的差异，发现在求职的前因中没有性别差异；然而，家庭状况确实影响了人际关系与个人态度，社会压力对有家庭的个体的求职预测力强于单身者。

（3）求职质量的结果变量。衡量求职成功的指标有多种类型，常用指标是量化的就业结果，如就业状况、离职率、聘用速度或找到新工作所需的时间。此外，结果变量还包括与新工作质量相关的远端结果，如未充分就业程度、工作适合程度、工作满意度、薪资改善情况、留任意愿、职业发展前景等；也有近端结果，即与求职过程有关的结果，可能涉及积极求职行为的结果（包括工作面试的次数、工作邀请的次数），以及旨在获得潜在工作机会的行为结果。

霍夫特认为，求职过程质量对求职成功的近端和远端指标都有积极的影响。首先，由于找工作的过程漫长、困难、复杂，挫折和障碍很多，为了实现就业目标，需要进行自我调节。因为高质量的求职过程意味着高自我调节，所以当求职者的求职过程是高质量的时，他们更有可能实现自己的目标。其次，在高质量的求职过程中，求职者可以找到更合适的工作机会，增加了解雇主需求的机会。因此，进行高质量求职的求职者更有可能找到更多合适的工作机会，起草的简历和求职信更有可能符合／超过招聘机构的期望，更有可能获得高质量的面试经历。

3. 基于全面质量管理的求职质量

霍夫特将自我调节阶段模型与全面质量管理（total quality management，TQM）现有的工作搜索理论结合起来，提出高质量的求职过程是从自我认知的先见之明开始的，包括目标的建立和规划。找工作是一项困难的任务，大多数求职者缺乏经验，没有成熟的思考、计划和准备，高质量的求职不可能发生。一般较低层次的自我调节或者由习惯指导的任务，其自我调节过程是自动或无意识地发生的。由于求职通常是一项非常规的复杂任务，几乎没有自动脚本结构，因此需要持续、有意识地进行处理和自我调节。事实上，依靠自动的自我调节可能会损害求职质量，因为高质量的求职往往需要采取违反直觉的非习惯性行为。例如，在高质量的求职搜索中，一个人应该与那些并不熟悉的人建立人脉关系网，尽管有时会感到尴尬。而克服这种最初的不适需要自觉性行动，如规划和准备并采取相应行动。

霍夫特认为，高质量的工作搜索流程需要反思和修正。也就是说，在不彻底分析和评估某人的工作搜索行为的情况下，一定的环境反馈可以与求职结果形成良性互动。对于一个高质量的求职过程，这种反思的结果是优化个人的目标、计划和行为，并对期望和成本进行调整。

对于大多数人来说，找工作的特点是低内在动机和高外在动机的结合。也就是说，工作搜索活动很少被认为是有趣、愉快和娱乐的；相反，人们在求职过程中大多会经历困难和消极情绪。因此，通常人们从事求职活动并不是因为这些活动本身是愉快的（即内在动机低），而是为了实现找到（新的）工作的重要目标（即高外在动机），这就要求必须具备能力。虽然拥有一份工作的最终目标可能会为求职者提供内在的动力，但这是一个遥远的目标。要实现求职的目标需要在相当长的一段时间内坚持不懈地行动。因此，霍夫特认为一个高质量的求职过程可以概念化为一个高度自律的求职过程。

4.求职过程的四阶段模型

霍夫特提出了基于自我调节理论的高质量求职过程的四阶段模型，将反思阶段引入求职过程，并明确强调求职过程的周期性。高质量求职过程分为四个周期性阶段，包括目标建立、目标规划、目标奋斗和反思四个自我调节阶段的有序循环行动，每个阶段都符合一定的标准和规范。

（1）目标建立。在目标建立阶段，高质量求职是指求职者：

①设立一个目标。

②形成强有力的目标承诺。

③拆解目标，使其清晰化。

④组合不同的目标层次。

（2）目标规划。在目标规划阶段，高质量求职是指求职者：

①采用探索性或集中而非随意的求职策略。

②具有强烈的动机，使用广泛的求职策略，特别关注非正式信息的来源。

③确定优先级，并对何时、在哪里以及如何按照目标行动制订切实的求职计划。

④对计划的求职活动进行全面的准备。

（3）目标奋斗。在目标奋斗阶段，高质量求职是指求职者：

①控制自我的思想、情感、动机和行为以启动和维持一个求职目标。

②屏蔽诱惑对目标的干扰。

③能够自我监控和积极寻求反馈以获得个人行为、目标进展信息并发现差异，解释与任务相关而不是与自我相关的诊断信息。

（4）反思。在反思阶段，高质量求职是指求职者：

①根据既定的求职目标，注重对个人表现的评估。

②将失败归为内部原因。

③试图从失败中学习。

④自我激励管理形式取决于一个人的表现。

5.求职质量的周期阶段模型

霍夫特定义了求职过程质量的调节变量和边界条件、前因变量和结果变量。这个模型是基于 TQM 原则、自我调节理论、求职阶段模型以及四阶段模型提出的。霍夫特认为，在求职过程的每个阶段，其质量取决于前一个阶段的质量。

（1）求职质量的前因变量。包括求职知识和技能、动机强度和类型、自我调节能力、求职认知财务需求和社会背景。

（2）求职质量的结果变量。包括找到合适的工作机会的数量、面试和提供工作的次数、就业状况和速度、就业质量、就业不足与职业发展。

（3）调节变量和边界条件。劳动力市场需求是调节变量，对求职质量产生负面影响，对求职质量与求职成功的关系产生负面影响（即劳动力需求越低，求职质量与求职成功的关系越强）。边界条件包括需求转换类型、职业环境、职业类型/水平、教育类型/水平、国家文化、组织文化、猎头/面试官等特征。

（4）求职过程质量。包括空缺搜索质量、人脉网络、简历质量、面试质量等。求职过程的循环就像一个螺旋，通过分析求职者求职行为（经历）中的自我监控、获取外部反馈、评估、归因、从失败中学习，求职者可以了解就业市场的预期要求，在此基础上调整目标、规划和行为，从而向招聘机构的期望靠拢。

（二）相关概念的评估与测量

霍夫特对如何评估求职质量提出了思路和框架。表5-2为他在许多研究中主要采用的针对某些求职过程质量的要素已开发的自我报告量表。

表5-2 主要概念使用的测量工具

主要概念	使用的测量工具
职业转换	职业转换问卷（Carson et al.，1995）
职业自我效能感	职业自我效能感问卷（Wanberg et al.，2010）
职业探索	职业探索问卷（Stumpsf et al.，1983）
职业规划	职业规划问卷（Gould，1979）
求职行为	求职行为问卷（Blau，1994；Kanfer et al.，2001；Hooft，2004）
求职优先权	求职优先权问卷（Hooft et al.，2013）
心理健康	一般心理健康问卷（Goldberg et al.，1997）
自我调节	自我调节能力问卷（Mitchell et al.，2008；Hooft et al.，2013）
自我控制	自我控制水平问卷（Tangney et al.，2004；DeBoer et al.，2011）
就业质量	就业质量问卷（Hooft et al.，2014）
求职元认知	求职元认知问卷（Turban et al.，2009）
财务压力	个人财务压力问卷（Vinokur&Caplan，1987；Vinokur&Schul，1997）
求职时间压力	求职时间压力问卷（Durham et al.，2000）

霍夫特认为，对求职产品质量的评估，需要区分求职产品质量的等级以及求职过程各阶段的行为。这些等级的评定应由知识丰富的专家来进行。工作搜索质量（如互联网搜索质量、社交网络搜索质量）可以由诸如工作搜索技能培训师、就业指导师、职业咨询师或工作场所顾问之类的专家评价优劣。主动求职行为的求职过程质量（如简历质量、面试质量）可以由那些使用应用程序的相关专家（如招聘人员、招聘经理

或心理测评师）进行评估。重要的是，此类评级应反映求职过程的质量，而不是求职者/应聘者的质量（如人力资本、教育背景、工作经历等）。

除了测试模型列出的一些变量，霍夫特认为，对求职质量及其组成部分的测量还需要分析各个工作搜索质量要素的相对重要性或权重，并关注四个阶段中的过程质量是否共同或交互地影响求职质量和求职成功，以及在每个阶段，个体差异或情境因素在多大程度上对质量发展具有不同的重要性。例如，自我调节能力在目标奋斗阶段可能比在其他阶段对求职质量的影响更大；求职质量不仅会影响求职成功，还会影响求职者的心理健康和幸福感；进行高质量的工作搜索可能会增强一个人的求职自我效能感，并增加一个人的求职知识和技能。

（三）理论的应用价值

1. 个体层面的应用价值

了解那些能对个体求职产生积极影响的因素（如个体的动机强度、自主性、自我调节能力、自我效能感、目标导向、行动导向、韧性等）对求职者具有非常广泛的指导意义。可以利用来自不同阶段及各个时期的心理测评及学习能力测评方面的信息，尤其是在线培训，引导个体不断提升求职知识和技能，帮助求职者解决困难。盲目的求职者通常没有目标导向，不系统、无计划、随机且毫无章法。而基于自我及个人背景差异的认知，激发内在潜能的求职者更可能认真地做准备，在求职过程中提供更优质的求职产品，采取满足工作所需的求职行动，从而可能得到更多合适的工作机会，经历更高质量的求职过程。

职业规划程度与再就业质量呈正相关。一个善于规划的求职者应该从选择一个目标开始，并在目的性、目标清晰度、目标重要性或承诺等方面拓展维度。为了帮助个体提高求职质量，不但要帮助其提高工作搜索的质量，也要帮助其为职业生涯设定目标、制订计划。

2. 组织层面的应用价值

在数字化人力资源管理趋势之下，个体进入某个特定职位需要多长时间？个体与岗位、个体与同事、个体与组织文化、个体与工作情境等如何才能获得较高的匹配率？不同国家、不同组织的文化不同，招聘人员和面试官的特征不同，聘用速度不同，工作搜索所需时间、工作面试的次数、接到工作邀请的次数、合适的工作机会数量也不同。入职之后，新工作的适合程度、工作满意度、敬业度、绩效管理模式、薪资改善程度、留下来的意愿、技能学习、职业发展等也存在个体差异。这整个过程是个体与组织彼此调节匹配的交互过程。

组织可以利用人力资源平台或者人力资源管理机构的外包服务，提供精准的职位描述及每项工作所需的关键技能描述清单，通过绩效评估工具、员工能力与技能水平及各项技能的使用频率数据库清晰地定位技能需求。这个定性与定量结合的评估过程可以通过书面问卷或支持性访谈来完成，人员数量较多时也可以使用信息管理软件来完成。

工具性和情感性的社会支持会对个体的求职质量产生积极影响。组织与个体在社交圈中建立联系，组织在个体求职过程中为其提供情感性的社会支持，有助于求职者的情绪控制。此外，还可以关注职业顾问的价值，工具性的社会支持（如由人力资源经理、招聘经理或心理测评师为求职活动提供建议、信息、帮助和反馈）可以帮助求职者设定清晰的目标，制订合适的计划并获得有关求职目标实现的诊断信息。

3. 宏观层面的应用价值

宏观政策层面，政府如何开展就业促进活动以满足提升求职者求职过程质量的需求？宏观经济环境中的劳动力市场供需状况是一个重要的约束条件。在全系统、多学科、多层次的数字化时代，个体和组织如何跨越从宏观大数据到微观职业选择的鸿沟？这需要评估和提升既有求职者的劳动技能，以及个体求职过程和行为的质量。不同行业、不同职业阶段、不同用工模式、不同教育程度、不同技能水平的求职者，在求职过程的各个阶段是否有能力充分利用各种政策与数据获益？基于技术进步带来的普惠价值，大量的人力资源科技的发展或许可以消除信息传递的低效和歪曲，缓解就业不充分带来的社会隐患。

同时，各领域的人力资源专业人士可以为求职者带来有效的信息解读与咨询辅导，其中工作机会搜索质量、简历质量、面试质量的提升以及学习培训资源的利用等可以由就业指导师、职业规划师、职业技能培训师或企业教练顾问等相关专家提供服务。

总之，在数字化时代，人们应当借助技术力量，充分激发个体自主动机，形成积极的正向循环，促进个体与组织交互式的协同创新，了解每次职业角色转换的可能性，分析筛选职业转换的路径，顺应宏观趋势的调节。或许可以期待，在不久的将来人们能够更积极而有效地进行工作搜索。

第二节　决策风格与决策类型

一、决策类型

做决策是一件艰难的事，也是一件不可回避的事。从清晨起床到晚上入睡，我们都在不断地做出选择：如何安排这一天的时间、穿什么衣服、吃什么食物、读什么书、和谁交往等。当你听到闹钟响起时，对于继续睡还是立刻起床，你就在做选择了。通常，决定越重要，决策也就越艰难。挑选一双鞋要比挑选一份职业容易得多。在生活中，你也许已经注意到：不同的人有不同的决策方式和类型。丁克里奇指出，人们往往会采用下列七种决策模式。

在生活中，我们需要做出许多决策。有些人天生就能轻松地做出决策，而另一些人则感到困难。以下是一些常见的决策类型。

（一）痛苦挣扎型

痛苦挣扎型是一种常见的决策类型，通常发生在决策者需要在两种或以上的选择之间做出决策时。这种决策类型的人通常是困难和痛苦的，因为他们需要权衡不同的因素，考虑可能的后果，并且没有一种选择是完全理想的。

在这种情况下，决策者可能会感到非常不安和烦恼，因为他们不确定自己的决策是否正确。他们可能会反复思考、分析和比较不同的选择，以寻求最好的解决方案。这通常需要花费大量的时间和精力。

痛苦挣扎型决策的一个重要特征是决策者通常会考虑多种因素。这些因素可能包括个人价值观、道德准则、社会影响、经济利益等。因此，这种决策类型的人可能会受到个人情感和价值观的影响，而不仅是理性的分析。

当面临痛苦挣扎型决策时，决策者需要尽可能地收集信息和考虑各种可能的后果。他们可能需要寻求他人的帮助和建议，以获得更全面的视角和更好的决策结果。

总之，痛苦挣扎型是一种常见的决策类型，需要决策者花费大量的时间和精力来考虑各种因素并做出最好的决策。这种决策通常受到个人情感和价值观的影响，因此决策者需要尽可能地收集信息并寻求他人的建议和帮助。

（二）冲动型

冲动型的人往往会在没有仔细考虑的情况下做出决策。他们可能会更倾向于选择立即获得的快乐，而不是长期的利益。这种决策类型的人可能会后悔他们的决定，但也可能会从中学到重要的教训。

（三）直觉型

直觉型是指在做决策时，更多地依靠直觉和感觉，而不是过多地考虑各种可能性和选择。这种决策类型的人通常更加注重内心的感受和直觉，而且往往会比较自信地做出决策，不太会被各种数据和细节迷惑。

在生涯规划方面，直觉型的人可能更倾向于选择自己感兴趣的行业和职业，而不是仅仅因为工资高或者前途好。他们更注重自己的兴趣和天赋，而不会被外部环境所左右。当然，这种决策类型的人也有可能会忽略一些重要的细节和风险，所以在做出决策之前，还需要仔细地分析和考虑。

（四）拖延型

拖延型的人往往会推迟做出决策，直到他们被迫做出选择。他们可能会感到不确定或者无法做出决策，因此会一直拖延。这种决策类型的人可能会错过重要的机会，或者在最后一刻做出错误的决定。

（五）宿命型

宿命型的人往往相信他们的命运已经注定，因此他们不需要做出决策。他们可能会认为无论他们做什么，结果都是注定的。这种决策类型的人可能会失去控制，因为他们认为他们无法改变他们的命运。

（六）顺从型

顺从型的人往往会让别人为他们做出决策。他们可能会依赖别人的意见和建议，而不是依靠自己的判断力。这种决策类型的人可能会错过发展自己的机会，因为他们没有学会如何做出自己的决策。

（七）瘫痪型

瘫痪型的人往往会感到无法做出决策，因为他们过于担心是否会做出错误的决定。他们可能会感到无助和无能为力，因此会放弃做出任何决策。这种决策类型的人可能会错失重要的机会，因为他们没有勇气尝试新的事物。

以上是一些常见的决策类型。了解自己的决策类型可以帮助我们更好地做出决策，并且可以帮助我们发展自己的决策能力。

二、生涯与发展决策的影响因素

一个人在做出生涯决策时，除了自己本身，还会受到其他许多方面因素的影响。归纳起来，包括个人因素、家庭因素、职业因素、社会因素四个方面的影响因素。

（一）个人因素

生涯发展的主体是决策者本身，决策者的个人特性会积极影响其生涯决策。影响因素包括生理、心理和教育程度三个方面。生理方面包括性别、年龄、身高、体重以及健康状况等因素；心理方面涉及性格、能力、兴趣、成就动机和价值观等；教育程度则是获得知识和技能的主要渠道，可以为生涯发展做准备。受教育水平越高，个人就业或升学的机会也越多，其影响着一个人的职业选择方向和获得自己喜欢职业的概率。

（二）家庭因素

家庭因素包含家庭生长环境、家人的期望、与家人的关系、家庭经济状况等。

1. 家庭生长环境

每个人出生及成长的环境，都会对其就业机会造成深远的影响。首先，不同的教育方式会导致人们对于世界的理解方式不同；其次，父母的职业是孩子最早可以观察模仿的榜样，从而影响孩子的职业技能；最后，父母的价值观、态度、行为与人际关系，都会直接或间接地影响孩子的职业选择。因此，在现实社会中，我们经常会见到艺术世家、教育世家、商贾世家等现象。

2. 家人的期望

父母通常会对自己的孩子有着很高的期望，有些父母甚至将自己曾未能实现的梦想转移到孩子身上，希望他们能够实现，可是这可能与孩子自己的愿望和兴趣相去甚远。

3. 与家人的关系

每个人都属于家庭，有的与父母关系亲近，在决策时会考虑到父母的意见。子女与父母关系的亲疏会对他们做出的重大决定产生直接影响。

4. 家庭经济状况

有些学生出身不太富裕，在学校的学习中面临财政限制，大多数来源于助学贷款。毕业时需要优先考虑就业，等到家庭经济状况改善了再考虑进修。

（三）职业因素

职业因素包括工作性质、条件、时间安排、福利、升职机会以及人际关系等。随着社会高速发展和科技进步，一些传统职业在渐渐消亡，新的职业也开始出现。当做出职业选择时，我们需要考虑新职业的性质、工作环境、升职机会和福利待遇等因素。

（四）社会因素

社会因素涵盖了经济、文化、习俗、风气等，以及其他人的行为模式。在经济发达的地区，企业比较集中，优质企业也相对较多，个人就有更多的职业选择机会，有利于职业发展；而在经济滞后的地区，个人的职业发展会受到一定的限制。社会文化环境包括教育条件和水平，以及可供使用的文化设施等。如果社会文化环境较差，个人就无法获得良好的教育，这会对未来职业产生不良影响；相反，在良好的社会文化环境中，个人可以受到良好的教育和熏陶，为自身的职业发展起到有益的作用。每个人都有不同的价值观，在社会环境中，都会受到社会主流价值观的影响，大多数人的价值取向都受到社会主流价值取向的影响。一个人的价值观实际上是社会主流价值观的认可和接受。社会主流价值观也会影响个人职业选择，朋友、同龄人群的职业价值观、工作态度、行为特征等会不可避免地影响个人对职业的偏好，以及选择从事某一类职业的机会和职业变换的可能性。

如果在思考和做出决定时，尽可能多地考虑内外因素，全面评估影响因素，就可以更有效地选择职业生涯，从而提升未来取得成功的可能性。

三、大学生常见的生涯决策问题

不是所有人都能够轻松地做出职业决策，有些障碍会使我们的决定难以下定，或者让职业规划变得困难，甚至长期陷入职业发展的困境。

这些阻碍因素主要包括以下八个方面。

（一）意志薄弱

个人生涯决策会受到父母或他人的影响，因此有时会忽略真正适合自己的选择，或者有少数能确定自己目标的，却因为缺乏毅力或动力而放弃想要发展的方向。此时，需要反思：我的理想是什么？我的生涯目标是否受外界期待的影响？真正适合自己发展的方向在哪儿？哪些因素会影响我做出正确的决定？我该坚持哪些部分？最后，要奋力走自己把握的方向。

（二）行动犹豫

许多人拥有自己的想法和目标，但由于担心、害怕或缺乏信心，而不能付诸实际行动。属于这类只想不行动的人，就是"行动犹豫"的一部分。在这种情况下，可以建立自信，或利用一些策略来自我监督，以改善这种状况。

（三）信息探索不足

对当前社会或工作环境的信息缺乏，或不清楚如何获取信息的人，属于"信息探索不足"的类型。这些人应增强信息的收集和理解，因为丰富的信息才能更有效地进行职业决策。

（四）特质表现不佳

对于有主见且态度积极的人来说，在职业发展道路上会比较容易让自己取得进展。然而，一些人的性格过于被动，思维缺乏创新，或者不具备规划的习惯，持有"船到桥头自然直"的观念，长此以往，这些特质会不利于他们的职业发展，因而属于"特质表现不佳"的人群。

（五）方向选择未定

对于那些无法明确的决策，以及无法为未来做出预期努力的人，他们会受到未来发展方向不明的阻碍，可以称为"方向选择未定"。因此，应当多花些时间，去探索自身的兴趣、能力和社会当下的状况，这样才能够避免做出错误的选择。

（六）专业选择不当

若个人所学的领域与未来的职业相符，就能更有利于进入专业发展领域。然而，由于某些因素，许多大学生没有进入原本期望的专业，归类于"专业选择不当"的人群。他们要先给自己一些时间沉淀，再通过兴趣测验、和师长讨论等其他方式，找到合适的专业，考虑转专业、修读双学位等的可能性。

（七）学习状况不佳

在学生生涯中，学习是至关重要的。如果人对环境不满，或学习心态不当，可能会导致学习态度不佳，继而影响未来发展的准备工作，从而成为"学习状况不佳"的人群。这时，就需要观察这种现象背后的原因，以便在认知与行动上做出调整，自然而然地投入学习中，从而做出正确的决定。

（八）学习困扰高

一些学生由于学习环境或社交状况欠佳，或者存在异性交往问题，造成个人情绪不佳，从而影响学习效率，形成恶性循环，最终导致无法达到理想的学习成果。这一群人必须重新找到原因，或是调整学习习惯，以免耽误适当的学习时机和决策时机。

每个人的一生都可能会被某些因素所阻碍，让自己的发展停滞不前。如果有机会去发现这些因素，那么对于自己未来的决定和发展会有极大的帮助。我们可以问自己七个问题，来找出这些阻碍因素。

（1）在我们个人或学习成长过程中曾经或目前出现过哪些生涯阻碍因素？

（2）哪些因素对目前所学的专业或从事的工作有负面影响？

（3）这些因素存在了多久？

（4）你个人曾想过要改变或克服吗？

（5）若这些因素一直保持下去，未来的蓝图将会如何？

（6）如果你改变了，周围人的看法、感觉将会如何？

（7）他们可能会有哪些反应呢？

通过生涯阻碍因素的探索，可以帮助我们深入了解潜在的职业发展障碍，进而摆脱自身的瓶颈和困境，正确做出决策，开创局面。

第三节　生涯决策的准则与方法

一、生涯决策的主要准则

个体在做出生涯决策的时候，应当遵守四大原则：择世所趋、择己所爱、择己所长，在确保前三条法则得以贯彻的情况下，追求获得最大收益，也就是择己所利。

（一）择世所趋

当个人进行生涯决策时，除了要了解当前的社会职业机会外，还要学会预测社会需求将会如何改变职业的发展方向，以免出现不利于长远发展的生涯决定偏差甚至失误。因为，任何职业的兴盛、发展、衰落及消亡，都是由社会需要的变化引起的。

（二）择己所爱

生涯决策之路，长远考虑的第一步，就是找出自身的兴趣爱好，或者有哪些职业最能吸引你，以保证能够长久地投入，获得职业带来的成就感和幸福感。研究发现，对于有职业兴趣的人，能够发挥出高达80%～90%的潜力，且能保持高效率工作，不会出现疲劳感；但对于无职业兴趣的人，只能发挥20%～30%的能力，且容易精疲力尽。显然，只有择己所爱，让职业带来满足感，职业生涯才会变得有趣，也才能创造更多价值。因此，择己所爱是决定职业成功的重要准则。

（三）择己所长

在竞争激烈的社会和职场中，职业个体应当从与其他竞争者的对比中发现自身的优势和劣势，然后根据"发挥自己特长，避开自己的软肋"的原则来做出职业规划。

在这个过程中，个体应当特别注意优先选择能够发挥自身优势的职业，包括天赋因素、个性特点、专业知识和技能以及特殊经历等。

（四）择己所利

职业是一种谋生的手段，其目的之一在于追求个人价值的实现。在做出生涯决策时，个体需要考虑职业将带来的回报与收益，并朝着获取最大价值的方向努力。明晰的生涯决策在收入、社会地位、成就感和工作付出等变量组成的函数中，可尽可能取得最大值。这里所指的利益，不只是薪酬待遇，还是综合考量国家和社会的需求，以及个人的爱好特长、需求和理想，进而得出合理的生涯决策。

二、生涯决策的主要方法

（一）自我剖析：5W 归零法

5W 归零法是从问自己是谁开始，引出五个问题，如果能够成功完成回答，并找到它们的最大共同点，就可以很好地进行决策与规划。这个方法简单易行，尤其适合即将毕业的大学生。

1. 基本内涵

（1）What are you？你是谁？反思自己的优缺点。

（2）What do you want？你想做什么？对自己职业发展趋向的检查。

（3）What can you do？你能做什么？对自己能力与潜力的全面总结。

（4）What can support you？环境支持或允许你做什么？环境支持在客观方面包括地域的各种状态，如经济发展、人事政策、企业制度、职业空间等；人为主观方面包括同事关系、领导态度、亲戚关系等。两方面的因素要综合起来看。

（5）What can you be in the end？你最终的目标是什么？列出不利条件最少的、自己想做且能够做的职业目标，得出自己最终的职业目标。

以上五个 W 涵盖了目标、定位、条件、距离、计划等诸多问题，只要作出细致的设计并使自身因素和社会条件最大限度地结合，同时控制实施过程，就能让职业生涯规划和决策更具实践意义、更趋利避害。

2. 运用步骤

先准备五张空白的纸张、一支铅笔和一块橡皮，在纸上分别写上以上五个问题。排除其他干扰，仔细思考每一个问题，按顺序独立地认真思考。

对于第一个问题"你是谁？"，回答的要点是：面对自己诚实地写出所有能想到的答案，确保没有漏掉任何内容，然后根据重要性进行排序。

对于第二个问题"你想做什么"。从孩童时代开始，回顾自己内心向往的、想要去做的事情，将其一一记录下来，然后检查是否有遗漏，当确定没有遗漏时，再认真地排序。

对于第三个问题"你能做什么"。将自己所拥有的实际能力和潜能列出来后，仔细排序，以确保不落任何一项。

对于第四个问题"环境支持或允许你做什么"。当回答问题时，应加以分析：环境因素包括校园、地区、城市、省份、国家以及其他国家，由小到大，要认识到自身可能得到哪些主观和客观支持，这些都应当纳入考虑范围。把它们一一列出来，再依照重要性排列。

如果能够成功回答第五个问题"你最终的目标是什么"，你就有了最后的答案。做法是把前四张纸与第五张纸比较，将内容相同或相近的答案用一条横线连接起来，得出的几条连线中，不与其他连线相交、处于最上面的那条，就是你最应该去做的事情，你的职业生涯应以这条线为方向前进。

在这一方面，设定近期、中期和远期的目标，每三年更新一次。然后在近期的目标中拆分出今年的目标，更进一步将今年的目标分解为每季度、每月、每周以及每天的目标，按照自己的计划进行反思，总结成就与失败，学习经验，修改目标和方法，然后投入行动！

3.案例分析

小宋的5W：

个人简介：小宋，男，计算机专业。进入大四，他还是很难确定自己的职业目标。

就当前的市场来说，计算机技术是非常受欢迎的专业，找一份不错的工作并不难。然而，行业的高强度工作压力令他有点胆怯。再说，从兴趣来看，他更喜欢教师这个职业。在多角度的矛盾面前，不妨和他一起思考相关的生涯决策和规划策略，来帮助他确定最终的就业方向。

What are you？小宋是某高校计算机专业本科毕业生，曾担任学生干部，学业成绩优异，班级排名前三；英语水平满足国家六级标准，计算机能力达到三级；参加学校演讲比赛荣获优胜奖；家庭经济状况一般，父母工作稳定，自身身体健康，暂时无须照顾；性格安静，不是太内向也不是特别积极。

What do you want？小宋一直希望能成为一名教师，这是我孩提时代的梦想。另外，也考虑了成为企业的IT专业技术人员。此外，若是出国深造管理学硕士，回国后也可以担任公司的管理工作，也是可以接受的。

What can you do？ 小宋做过家教，非常喜欢并且擅长与小朋友们进行交流，对于提升学生的成绩有很大的成就感。曾担任学生干部，协助组织过几次大型活动，与同学们相处融洽。实习期间在公司完成过一些开发任务，效果还不错。

What can support you？ 亲友推荐小宋去一家公司做技术开发，GRE 考试成绩还可以，正在申请国外大学，但是获得奖学金的可能性很难说。大三时，学校曾邀请中小学来校招聘，但不是教师，而是学校的技术维护人员，大四则不知道会不会再次发出招聘教师的邀请。有校友开了一家公司，邀请自己加入，但自己对公司的业务流程不太了解，也不清楚它的发展前景有多大。

What can you be in the end？ 最后的选择可能有以下几种。

（1）在一所中小学任教：这是自己的兴趣和理想，在知识和能力上都有准备，可以发挥专业优势，为学生带来前沿知识，有把握成为自己喜欢的教师。但是没有考取教师资格证，缺乏基本训练及技巧。

（2）在公司从事技术工作：收入也许会更高，但是不够稳定，而且技术发展迅速，需要不断学习，压力大，自信心也不足，成就感较弱。

（3）加入校友的公司，从最基础的层面学习和工作。风险很大，而且与自己稳定的心态不太匹配，也得不到家人的支持。

（4）若能获得奖学金，则出国留学，毕业后回国工作，任职管理或技术人员。但存在不确定因素，自己的把握性也不大，比较被动。

总而言之，从职业发展的角度来看，四种选择都有其合理性，其中，第一种选择最为合适，能够给小宋带来最大的心理满足感，让他在工作中投入得更加彻底，取得更好的成绩，从而获得更大的成就感。在社会上，教师的地位在不断上升，这也更符合小宋的性格特点。但是，非师范类的学生要进入这一行业，相较师范生而言门槛较高。因此，小宋如果要想实现自己的职业理想，就需要去努力弥补与师范生在职业技巧方面的差距，并考取相应的资格证书。

（二）自我选择：决策平衡单

在生涯决策过程中，有时会面临多个不同职业发展方案，如果可以将它们量化，便可以帮助决策者更清晰地定位自己的职业生涯目标。1966 年，卡茨提出了职业决策理论，强调主导价值观对职业决策的影响。决策者需要确定自己的价值观，并将它们量化。针对每个选择，决策者需要估算出"回报强度系数"，即满足主观价值需要的可能性。将"回报强度系数"与主观价值相乘，其总和可以表现出每个选择的"回报价值"。将"回报价值"与对应选择的实现概率相乘可以得到"期望效用价值",因此,决策者应该选择"期望效用价值"最大的那个选择。

1. 基本内涵

1977年,美国心理学家詹尼斯和曼首次提出了"决策平衡单",这是一种基于卡茨生涯决策理论的简单实用的生涯决策技术,广泛应用于解决问题模式和职业咨询中,用以帮助个体系统分析每一个可能的选项,评估各自的利弊得失,然后按照利弊得失的加权计分排序,以便最终执行最优或最受偏好的选项。

这一技术涵盖了四个方面的主题:自我的收益和损失、他人的收益和损失、自我的肯定与否以及社会的肯定与否。我国台湾地区的职业指导专家金树人将后面两项改成了"自我的精神收益和损失"和"他人的精神收益和损失",最终构成了以"自我—他人""物质—精神"四个维度为基础的模型(图5-3)。

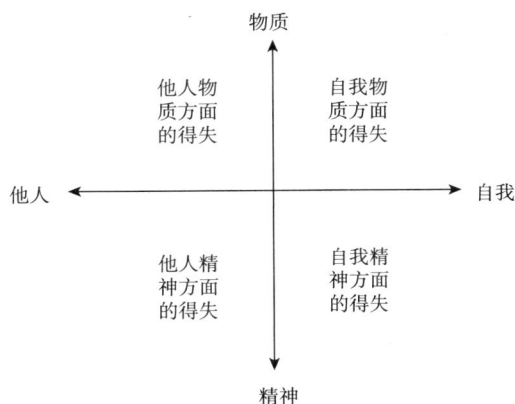

图5-3 生涯决策平衡模型

在这四个维度上细化具体因素,即可形成职业生涯决策平衡单(表5-3)。

生涯决策平衡单法,可以帮助决策者从四个维度出发,根据自身实际情况构建考虑因素,并对影响程度赋值加权,系统地分析每一个职业目标选项的情况。最后根据加权后的分数情况,得出各个职业目标选项的优先次序,最终作出决定。

生涯决策的平衡单可参照表5-3,考虑因素可根据实际情况进行调整或重新组合,职业目标选项也可根据实际需求进行调整。

表5-3 生涯决策平衡单

考虑项目	权重	选择一		选择二	
		原始分	加权分	原始分	加权分
个人物质方面的得失	1. 收入				
	2. 工作的困难				

续表

考虑项目	权重	选择一		选择二	
		原始分	加权分	原始分	加权分
个人物质方面的得失	3. 升迁的机会				
	4. 工作环境的安全				
	5. 休闲时间				
	6. 生活变化				
	7. 对健康的影响				
	8. 就业机会				
	9. 其他（如社会生活的限制或机会、对婚姻状况的要求、工作上接触的人群类型等）				
他人物质方面的得失	1. 家庭经济				
	2. 家庭地位				
	3. 与家人相处的时间				
	4. 其他（如家庭可享有的福利）				
个人精神方面的得失	1. 生活方式的改变				
	2. 成就感				
	3. 自我实现的程度				
	4. 兴趣的满足				
	5. 挑战性				
	6. 社会声望的提高				
	7. 其他（如社会资源）				
他人精神方面的得失	1. 父母				
	2. 师长				
	3. 配偶				
	4. 其他				
合计					

2. 运用步骤

平衡单有助于将模糊的问题数量化，帮助决策者具体分析每一个备选方案，考虑其利弊得失，择优而选。一般情况下，运用平衡单决策有以下步骤。

（1）建立平衡单。

①在第一行列出可选的职业选项，一般是有待深入考量的潜在职业选项3～5个。

②在"考虑项目"一列中，根据个体关注的内容，选择性地填入需要考虑的影响因素。

（2）判断各个选项的利弊得失。

①对每个影响因素确定其评估权重，从1～5中选择一个整数分配权重，填入表格中"权重值"一栏。一项因素的重要性越大，它的权重就越高，5为最高权重，表

示"非常重要"，3 代表"一般"，而 1 代表"最不重要"。对自我需求和价值观的准确了解，是给出权重的前提。

②对每个职业选项下属的每个影响因素给出一个原始分，计分范围为 –5 ~ +5，其中"+5"表示"考虑因素在该职业选项中得到完全的满足"；0 表示"不知道或无法确定"；而"–5"表示"考虑因素完全未能得到满足"。选择一个整数填入表格中相应的位置。

③对所有选项的全部因素给分完毕后，对分数进行审核，可以进行二次调整和修改。

（3）计算得分。

①把每个因素的原始分与其权重值相乘，所得的分数即为加权分。注意分数有正负分。

②把每个选项的加权分相加即为该选项的总分。

③对所有总分进行比较和排序。

（4）选择与反思。

①确定每个选项的优先级，分数最高者为最优。

②反思以下问题。

A. 这个结果是否使原来比较模糊的选择变得清晰？

B. 有没有遗漏什么重要的因素？

C. 是否认可这个结果？

D. 如果不太认可这个结果，原因是什么？

E. 是否需要重新调整以上因素的权重？

③有必要的话，可以再适当调整平衡单，直到认可评估结果。

通过使用平衡单，可以清晰地把多种选择进行量化排序，为职业生涯决策提供量化的参考依据。需要注意的是，平衡单内的所有因素和权重设定只适用于个体内的比较，不能对不同决策者进行比较。

3. 案例分析

小亮是某校大二商务管理专业（专科）学生，已取得计算机一级证书和大学英语四级证书，正积极备考专升本考试。他担任本班团支书，并参加学生会工作，且积极参加校内比赛及活动，如挑战杯、商务英语大赛等。在自我反省中，小亮确认自身职业兴趣与社会型、企业型职业相匹配，自信、活力满满、工作认真。结合自身认知与环境搜集，小亮采用决策平衡单，针对自身职业目标及两个可能职业，做出决策分析。根据决策平衡单分析结果，小亮将外贸公司人力资源管理、行政职员及市场策划专员三个机会进行计算，其中市场策划专员分数最高，也正契合小亮的职业愿望，见表5-4。

表5-4　小亮的生涯决策平衡单

考虑项目		权重	选择一		选择二	
			原始分	加权分	原始分	加权分
个人物质方面的得失	1. 收入					
	2. 工作中的困难					
	3. 稳定性					
	4. 休闲时间					
	5. 对健康的影响					
他人物质方面的得失	1. 家庭经济					
	2. 家庭地位					
	3. 与家人相处的时间					
个人精神方面的得失	1. 施展的空间					
	2. 制定长远的生活目标					
	3. 自由独立					
他人精神方面的得失	1. 父母					
	2. 朋友					
	3. 老师					
合计						

（三）自我评估：SWOT分析法

SWOT是由优势（strengths）、劣势（weaknesses）、机会（opportunities）和威胁（threats）四个英文单词首字母组成的，最初被称为态势分析法，由美国哈佛大学商学院的管理学教授安德鲁在1971年出版的《公司战略概念》中提出，是管理学中企业进行自我分析的工具。SWOT分析是将与研究对象相关的各种主要的内部的优势、劣势、机会和威胁等调查列举出来，排列成矩阵形式，之后用系统分析的思想把各种因素相互匹配并进行分析，最后得出一系列带有决策性的结论，参见表5-5。

表5-5　SWOT矩阵

SWOT分析	机会分析	威胁分析
优势分析	优势机会策略S、O	优势威胁策略S、T
劣势分析	劣势机会策略W、O	劣势威胁策略W、T

采用这种方式可以全面、系统且精准地研究个体所处的状况，以此为依据制定出

相应的发展策略、方案以及处理办法。SWOT 分析法经常被用于规划集团的发展战略以及分析市场的竞争对手状况。戴尔公司在 20 世纪 90 年代中期，便利用 SWOT 分析法做出重大决策，从而一举成为计算机行业的强势竞争者。

1. 基本内涵

近年来，SWOT 分析法因其有效的自我诊断应用，已经在多个领域广泛开展，特别是在个人职业发展和生涯决策分析方面展现出色。

（1）S：优势分析（较之竞争对手优势的方面）。

①你曾经做过什么。向外界展示自我。你可以利用自己以往的人生经历和经验，如在学校期间的任职、参与和组织实习实践活动、参加比赛项目、撰写报告以及获取的各种奖励和证书等。在自我评估的时候，要学会善用以往的经验，以便更好地推测未来的发展方向和机会。

②你学习了什么。在读书期间，你从主（辅）修的课程中发掘到了什么？参加了哪些培训？有哪些独特的想法和特长？你的专业也许不会在未来的工作中发挥重要作用，但至少它会对你的职业发展道路画上一张蓝图。要善于从所学中提炼出珍贵的精华，并将其融入自己的思维中。

③最成功的事情是什么。在过去的日子里，最能让你获得成功的事情是什么？它是如何取得成功的？是机缘巧合还是偶然必然？经过深入分析，可以发现自身性格和能力中最出色的一面，如毅力、果断、同理心等，以此作为个人能力深层挖掘的动力源泉和亮点，这也是职业规划决策的有力支撑。一是，做事认真、踏实，善于发现新事物；二是，待人真诚、乐于与人沟通交流；三是，有责任心、爱心，并喜欢相关的工作；四是，喜欢思考，有一定的分析能力；五是，做过学生干部，组织过集体活动，有一定的组织管理和策划协调能力。

（2）劣势分析（较之竞争对手落后的方面）。

①性格弱点。卡耐基曾说，人性的弱点其实不值得害怕，重要的是要正确认识它们，认真对待，从而弥补缺陷。一个具有较强自主性的人很难与他人意气相投，一个较为犹豫不决的人也没有资格承担重要的职责。

②经验欠缺。当你被要求完成一项从未接触过的工作时，说明经验不足，但这并不可怕，可怕的是自己未能意识到自身的不足，并且一味地装作了解。

例如，竞争意识较低，缺乏快速适应环境的能力；语言表达过于冗长，缺乏简洁性；存在严重的拖延症，缺乏果断性；创新能力有待提升；不喜欢机械重复的工作，也不乐于完成没有计划的任务。

（3）O：机会分析（有利于职业选择和发展的机会）。

①对社会环境的认识与分析。例如，当前社会的政治经济发展势头、社会热点职业的分布情况及需求状况，以及社会发展趋势对自身职业发展的影响等。

②对自己所选职业的组织环境的分析。探讨职业发展的状态、前景以及在该行业中的地位和发展趋势，并对行业环境和企业环境进行分析。

③人际关系分析。谁能够起到帮助自己职业发展的作用，如何与这些人保持联系，又该如何持续这些联系，都是重要的问题。

例如，随着中国的国际化程度进一步加深，外语应用范围拓宽，就业机会也随之增加；人工智能时代即将到来，以人为指导的就业机会将有所增多；学校也提供了一些可以积累实践经验，了解行业，接触、学习、交流的实习机会。

（4）T：威胁分析（存在潜在危险的方面）。

例如，国家经济状况不佳、行业落后、领域内发展有限、公司重组、团队变动等不利环境因素。

再如，人民币升值、国际金融危机给中国出口业带来巨大压力，使出口业就业机会大大减少；大多数电子商务企业仍处于初期发展阶段，无法获得良好的收益；高校招生人数增加，毕业生太多，但就业机会不均等，亲朋好友也无力在就业上给予帮助，参见表5-6。

表 5-6　个体生涯决策中的 SWOT 矩阵

优势	劣势
指个体可控并可利用的内在积极因素： 1. 工作经验 2. 教育背景 3. 丰富的专业知识和技能 4. 特定的可转移技能（沟通、团队合作、领导能力等） 5. 人格特质（职业道德、自我约束、抗压能力、创造性等） 6. 广泛的个人关系网络 7. 在专业组织中的影响力	指个体可控并努力改善的内在消极因素： 1. 缺乏工作经验 2. 学习成绩不理想 3. 缺乏目标，且对自我的认知和对工作的认识都十分片面 4. 缺乏专业知识 5. 较差的领导能力、人际交往能力、沟通能力和团队合作能力 6. 较差的寻找工作的能力 7. 负面的人格特征（如缺乏自律、缺少工作动机、害羞、情绪化等）
机会	威胁
指个体不可控但可利用的外部积极因素： 1. 就业机会增多 2. 再教育的机会 3. 专业领域急需人才 4. 提高自我认识，获得更具体的工作目标带来的机遇 5. 专业晋升的机会 6. 专业发展带来的机会 7. 职业道路选择带来的独特机会 8. 地理位置的优势 9. 强大的关系网络	指个体不可控但可以使其弱化的外部消极因素： 1. 就业机会减少 2. 同专业大学毕业生带来的竞争 3. 拥有丰富技能、经验和知识的竞争者 4. 拥有较好的寻找工作技巧的竞争者 5. 名校毕业的竞争者 6. 缺少培训、再学习造成的职业发展障碍 7. 工作晋升机会有限或者竞争激烈 8. 专业领域发展有限 9. 公司不再招聘与你同等学力或专业的员工

在这些客观信息陈述和分析的基础上，还要进行 SWOT 策略分析。

（1）S-O 策略。寻找与自己优势相匹配的机会是一种理想的策略模式，能够最大限度发挥内部优势和充分利用外部机会。

（2）S-T 策略。利用自己的优势减少外部环境造成威胁的可能性，如通过内部资源整合将对自己发展的不利影响降到最低。

（3）W-O 策略。克服自身弱点去寻找发展机会，利用外部机会弥补内部劣势，使劣势因素的负面影响降低。

（4）W-T 策略。这是一种应对危机的策略，面对内忧外患，制定一套策略来克服内在劣势，回避外在威胁。

简言之，SWOT 策略的基本思路是发挥优势因素，克服弱势因素，利用机会因素，化解风险因素。考虑过去，立足现在，放眼未来。

2. 使用步骤

一般来说，进行 SWOT 分析应遵循以下五个步骤。

（1）构建 SWOT 矩阵。针对内部和外部的情况，从 S、W、O、T 四个方面分别梳理出需要考虑的因素，另外，还可以参考表 5-5 中考虑的优势因素，如丰富的工作经验、良好的教育背景、丰富的专业知识与技能、可迁移技能、个人特质、广泛的人际关系网络以及在专业组织中的影响力等。

（2）确定 S、W、O、T 的各因素。个人在考虑的因素上表现如何，这是第二步需要确认的，通常采用"关键提问法"来完成，即通过对提出的与生涯决策相关的关键性问题进行回答，来确认自己面临的情况。例如，我期望自己能成为怎样的人？未来的家庭生活会是什么样子？我期望的工作环境又将是怎样？现状下技术和市场又会给我什么样的机遇？等等。

（3）为 S、W、O、T 各因素设置权重并打分。只以描述性的 SWOT 矩阵作为参考，结论往往无法达到较高的质量。可以采用平衡单法，为 SWOT 矩阵中的每个因素设定不同的权重，按照权重分配进行打分，最终的得分即为因素得分与权重之积之和。通过定量分析来解决这一问题。

（4）制定职业发展决策。根据各因素的影响，确定采用何种职业发展策略，就是前文中提到的 S-O 策略、S-T 策略、W-O 策略、W-T 策略。

（5）提纲式地列出今后五年内的职业目标和计划。根据职业发展决策，列出你毕业后五年内最想实现的三个职业目标。包括渴望从事的职业、希望自己获得的报酬等，并准备一份实现上述每一个职业目标的行动计划，详细地阐述为了实现每一个目标而要做的每一件事，以及何时通过什么途径来完成这些事。倘若你觉得需要外界的援助，请说明所需的帮助以及如何获得这样的协助。比如，你的个人SWOT分析可能会显示，为了实现你理想中的职业目标，你需要在大学期间修习更多的管理课程，因此，你的职业行动计划应该明确何时修习这些课程。制订详细的行动计划可以帮助你做出决策。

进行SWOT分析时，应该特别留意：首先，要客观正确地认识自身的优势与不足，不可夸大优势，也不宜自卑，应尽可能保持客观全面，并且要把现状和未来做出明确的分界。其次，要与其他决策者进行比较，尤其是和同行者比较，以便了解自身的优势和劣势。最后，要注意不要过多地使用SWOT分析法，避免复杂化和过度分析。

三、职业决策能力的培养

（一）职业决策能力

职业决策主要是针对什么样的行为进行选择，职业者在决策过程中选择做什么或者不做什么，不仅是职业者的一种高级认知活动，还是一种重要的决策行为。在人类认知和改造客观世界过程中，为实现某种目标做的思考和采取的行动都是决策的行为。决策帮助人们做出客观的选择，决策能力是衡量个体工作能力的关键指标。

个体在工作中根据职业认知做出的选择性行为可以看作职业决策能力。它关系个体的成长、发展、认知和心理素质。能否正确地进行决策、能否做出正确的职业选择，影响职业者的一生。

对于大学生而言，如何选择职业，包括第一次的职业岗位以及对职业的重新规划都是职业决策能力的一部分。对于个体发展而言，具有良好的决策能力和做出正确的职业选择，对后期的职业发展有重要的影响。因此，大学生在学习过程中要重视自身职业决策能力的发展。

对于应届毕业生而言，选择自己的第一份职业和规划自己的职业生涯都需要合理决策。虽然亲朋好友针对首次职业选择会提出各种各样的建议，但最终还需要自己做决策，这不仅检验着大学生的智慧，还检验着他们的职业决策能力。选择职业岗位，面对各种各样的问题需要他们自己解决，不像是在学校中有教师的指导和同学的帮助，要快速做出决策、快速解决。因此，良好的职业决策能力对于大学生的职业发展有促进作用。

大学生需从以下几个方面来培养职业决策能力：

（1）大学生要学会运用书籍和网络搜集有关职业决策的各种资料，对搜集的资料进行分析、总结、评价。

（2）根据自己的能力制订职业决策计划与目标，合理进行职业决策。

（3）在进行职业决策时，应学会合理取舍，找到职业发展和能力发展的平衡点，能根据客观环境变化合理进行决策。

（4）在选择职业目标时，能有效实施职业决策，能克服自己在实施职业决策计划时的惰性。

（二）决策能力培养注意事项

培养决策能力应注意以下几点。

1. 克服从众心理

在社会生活中，独立的个体都具有一定的从众属性。这种从众属性主要表现为从众心理。具体而言，个体在社会生活中受到其他群体的影响作用在价值观和意识层面上的思想和行为被看作从众心理。具有典型从众心理的个体做出决定，考虑的是自己的行为能否被群体所接受，追求的是群体层面的认同感和归属感。从众行为者考虑的是如何按照群体的规范做事，当他人的行为正确时，他们会表现出认同；当他人的行为不合理时，自己又无力反对，他们会被动地表现出顺从。从众行为者经常依靠他人的指令办事，自己没有主见。

对于求职的大学生而言，克服从众心理需要学会借鉴他人的职业经验。在职业决策过程中，若因职业认知出现问题，大学生可以向教师和家长请教经验，咨询职业决策过程中产生的问题。在请教和咨询过程中，大学生要善于将他们职业经历中有用的部分和对个人发展有积极作用的部分提取出来，并与自己的兴趣、职业能力结合起来，构建起自己的职业轨迹。

在职业决策过程中，无论制定什么样的职业决策方案都不能完全模仿，也不能生搬硬套，要学会合理取舍，结合自己的实际情况进行科学制订。

2. 增强自信心

自信心是一种积极的心理特征，也是一种积极的心理表现。在职业发展过程中，若没有充足的自信是很难做出决策的。提升自信，首先要拥有良好的心理素质，要具备勇气；其次要有积极的态度，善于主动出击；最后要不断增强自己的使命感，不局限于个人的思维意识中，养成良好的思维习惯，学会科学客观地处理问题。

3. 决策勿求十全十美，注意把握大局

在职业决策过程中，虽然决策的细节很重要，但是对于个体而言，不能追求职业决策的十全十美，要客观分析问题，合理规划，既能把握决策过程中的积极因素，也能规划出决策的具体方向，重视大局，持续不断地付出努力，提升职业决策能力。

第六章 大学生生涯角色平衡

第一节 生涯角色

一、生涯角色与凸显角色

（一）生涯角色

舒伯的生涯概念涵盖了人的一生，而我们每个人在不同的发展阶段不断地扮演着各式各样的角色，每一个角色都有特定的任务等待我们去完成。这些角色和任务的组合也就是我们所说的"生涯角色"。舒伯认为，人在一生当中必须扮演九种主要的角色，依次是儿童、学生、休闲者、公民、工作者、夫妻、家长、父母和退休者。

人生发展的每个年龄和生命阶段，我们都会因自己的身份、责任而全身心地投入相应的角色中。年幼时，我们作为父母的"子女"，要学习走路、说话，要听话乖巧、聪明伶俐，不要逾越规矩。随着年龄的增长，我们进入群体生活的学校，成为师长们的"学生"，成了其他学生的"同学"。正所谓"吾十有五而志于学"，我们要学习语文、数学等基本科目，要学习专业知识、掌握专业技能，要学习与人合作共事的经验与方法。离开学校，进入社会，在某一行业领域拥有了代表自己职业角色的"工作者"身份，更需要尽职尽责、勤奋工作，为工作单位创造最大的经济利益或社会价值，为自己带来最大限度的成就感和满足感。在扮演好"工作者"角色的同时，我们还会成为自己另一半的"配偶"，在生儿育女后成为孩子的父母，即持家者；同时，因参与社会事务而成为"公民"，以及享受优质休闲娱乐的"休闲者"。最后，当自己老去，我们也逐渐从工作岗位上退下来，成为"退休者"，当然，还可以去做"志愿者"，做一些力所能及的义务性质的工作，继续发挥自己的余热。

（二）凸显角色

在生涯发展的每个阶段，人们可能会拥有多种不同的角色，而这些角色的重要程度取决于人们愿意在这个角色上投入的时间和精力。一个人的时间和精力总是有限的，在一个角色上投入得多，在其他角色上投入的就相对减少。我们不可能在每个角色上都能演绎得尽善尽美。所以，在每个阶段总会有一个特别凸显与重要的角色，例如：0～5岁的凸显角色是"子女"，进入学校的凸显角色则转换为"学生"，以此类推。每个阶段凸显的角色关系到下一阶段的生涯发展形态。因此，人们在每个阶段的凸显角色的选择与相应阶段的生涯发展任务相关，也与自己的价值观和他人的期望密切相关。

（三）大学生的生涯角色与任务

大学生处于生涯发展的探索期，处于从校园到社会的过渡阶段，扮演的角色不多，这是为未来生涯发展奠定基础的重要阶段。进入大学，很多大学生开始从紧密的家庭关系中独立出来，生活限制少了，有了自己的生活空间，生命充满无限可能。也有不少大学生由于脱离了父母和师长的严格管教，不适应大学阶段的学习和生活方式，再加上没有建立新的目标和规划，从而陷入了迷茫无措的境地。因此，大学生应该从进入大学阶段开始，积极探索生涯发展的各种可能性，为未来的生涯发展打下基础。

在这一阶段，大学生的主要任务是通过学校的专业学习、社团活动、社会实践、实习兼职等机会和途径，了解自己的兴趣、性格、能力和价值观，探索未来将要进入的工作世界，逐渐明晰自己未来发展的方向和目标，所以学生依然是最重要的凸显角色。除此之外，有的角色投入程度会有所减少（如子女），有的角色的投入程度会大幅增加（如学生干部、男女朋友、实习生或兼职者等）。而如何协调各种角色以及学生角色中的各项活动，就需要我们做妥善的时间管理。有的大学生在社团活动中投入过多的时间和精力，而忽略了专业课程的学习，没有处理好学生角色中各种活动的关系。有的大学生利用课余时间，甚至逃课去实习或兼职，却忽略了自己原本该扮演的主要角色，造成角色定位的错误，这些都有可能影响未来的生涯发展。

二、生涯角色平衡

（一）生涯角色平衡的含义

生涯角色平衡是指个体能在特定的时间内按重点兼顾或专注于不同角色的发展。特定时间专注特定角色发展是指在特定的场景、特定的时间里，做特定的事。而生涯角色失衡则是因缺乏对个人生涯的整体、长远安排与规划，导致各种角色之间的时间、精力、资源等在分配上产生冲突而出现的问题。

生涯角色失衡多是由多角色冲突引起的，主要表现在有多重的角色没办法完全兼顾：工作、生活不能兼顾，像个救火员；人生过得越来越单调无趣；被当前事务绑定，没有精力改善；因无法提高工作效率，用生活时间来弥补能力的不足。

实现生涯角色平衡要求我们多种角色均衡发展。掌握各种知识和技能，熟练多种角色转换，成为多面的复合型人才，不荒废任何一个角色。闲时不荒废任何角色，忙时才不会乱了阵脚。要突出核心角色，把核心优势发挥到极致，打造核心竞争力。

（二）影响生涯角色平衡的因素

一种平衡的生涯状态，应该是与人生密切相关的重要因素的综合平衡，生涯平衡需要考虑以下几个方面的因素。

1. 工作

工作是社会分工中每个劳动者体现社会价值和自我价值的角色定位。工作对个人的意义表现在：实现人生意义，以满足人生需求。工作对社会的意义表现在：社会的发展进步，与每个社会成员的选择倾向有密切关系。

工作者是最重要的生涯角色之一，是每个人都必须付出时间和精力去担任的角色。工作角色比重的大小直接决定了生涯平衡的问题。

2. 生活

生活是生物为了生存和发展而进行的各种活动，包括衣、食、住、行等方面的情况。人作为地球万物的灵长，与其他生物不同。人的特殊之处在于追求生活的价值、生活的意义，追求丰富多彩的生活。人生的意义在于通过合理合法的方式去创造价值并享受价值。所以，人为了美好的生活也必须付出很多时间和精力，无论选择哪一种角色，都必须考虑如何拥有幸福的生活。

3. 家庭

家庭是指在婚姻关系、血缘关系或收养关系基础上产生的，亲属之间所构成的社会生活单位。家庭作为一个群体，是社会的细胞，是社会生活的基本单位。

家庭是人们接触的第一个团体，也是最温馨的、充满爱的地方，同时还是人生的第一课堂。每一个人都离不开平凡的家庭生活。正如衣、食、住、行一样，家庭生活是一个人一生中不可缺少的，是每个人生活最重要的组成部分。追求家庭幸福，同样也是人们的重要目标。

4.朋友

朋友是指志同道合的人，情意相投的人，彼此有交情的人。视野开阔的朋友，可以给人们提供不同的视野与问题解决的方法，使你变得视野开阔，获得更多的信息和机会。人具有社会性，需要在交往中获得归属感，所以朋友是生涯角色平衡中的重要内容。

第二节　生涯角色平衡管理

人的一生在不同的阶段会扮演不同的角色，甚至在同一阶段会扮演多个角色。因此，应当尽早地认识到这个问题的重要性，了解和学习生涯角色，运用生涯四度管理、时间管理、情绪管理、压力管理等方法适当调适，不断地培养生涯角色适应能力，从而达到生涯角色的平衡。

一、生涯四度管理

（一）生涯四度的含义

生涯发展有四个维度：高度、深度、宽度和温度。

1.高度

生涯的高度是指一个人在社会中能达到与掌握的地位、权利与影响力，其终极价值是获得地位、权力和影响力。

追求高度的人首先要找准生涯定位；其次要提升实力，提升自己的职业竞争力；最后，需要扩大自身影响力。

2.深度

生涯深度是指在自己擅长的领域中的精深程度以及个人能在这个领域干多久，其终极价值是追求卓越与智慧。

追求深度的人首先要学习，系统地去学习一个领域，形成有效的知识体系。其次，要学会总结与分享，总结和分享是知识内化的重要途径。最后，要践行，也就是将知识运用到实践中去，实现理论与实践相结合。

3.宽度

生涯宽度是指个体能否适应人生中多个不同的角色，这些角色既丰富又相互平衡，其终极价值是追求爱与和谐。

追求宽度的人首先要打开内心，打开自己的内心才能打开一扇未知的门，每打开一扇门就会丰富起一个小世界。其次，要维护和发展好一段关系，这个关系不仅是与人的关系，还包括和事物的关系。最后，要助人，助人是一种拓展宽度的方式。

4. 温度

生涯温度是人们对生命的热爱或对生活的热爱与激情，其终极价值是追求自由。

追求温度的人首先要追求健康，身心健康是提高一个人幸福度和温度最核心的方式。其次，要培养或发展一个或多个爱好。

（二）生涯四度的定律

1. 守恒原则

人的精力是有限的，一个维度上的巨大投入必然带来其他维度精力的减少。

2. 转换原则

在某些环境下，生涯四度可以转换。例如，音乐的高度需要宽度和温度的滋养。一个生活阅历丰富且对生命有深刻感悟的人，在同样的音乐技能中，能够产出真正的大师级作品。这种情况下，宽度和温度可以转换为深度。

3. 杠杆原则

人们虽然无法在一个时间段同时发展好所有维度，但可以在不同阶段有所侧重，最终将各个维度修炼到自己满意的状态。

二、时间管理

时间管理是指通过事先规划和运用一定的技巧、方法与工具实现对时间灵活、有效地运用，从而实现个人或组织既定目标的过程。

时间管理对于现代人越来越重要，如何在有限的时间里做更多更有价值的事情，是每个员工和管理者都很关心的问题。对于大学生来说，在大学的学习生活中，由于各种各样的活动很多，时间管理同样是个人发展必备的重要技能。而且，这种技能能够很好地迁移到未来的工作中。

随着各种管理理论的流行和推广，时间管理已经从一个学术概念演变成一个通俗化的概念。随之而来的各种技巧、方法和训练课程层出不穷。一般情况下，在认同时间管理的理念之后，所谓的方法只是为了方便行事的，毕竟目标确定，通往目标的途径并不唯一，关键看是否适合自己。这里介绍的是塞沃特研究中心设计的七步骤方案，这个方案的特点是从人们生活的基本任务出发，体现了以自我价值实现为导向的时间管理原则。

第一步：构思生活蓝图和理想，确定生活目标。

理想可以帮助个体找到生活的意义和方向，个体所做的一切都是为了实现自己的理想。在生活当中，人们总会有目标不确定的时候，这时人们会感到迷茫，让人觉得失去了把握未来的能力。当务之急就是重新发现自己的理想，以此为指导选择即将走的道路。

经过前面几章的学习，很多同学可能明确了自己未来生涯发展的目标。实现这个目标是我们生活的意义，也是我们管理时间的意义。

第二步：确定生涯角色。

在本章第一节里提到过，在人的一生当中，每个人都将扮演很多角色，如孩子、父母、朋友、学生、同事、领导、房东等。而扮演角色时，个体也要承担起这个角色所包含的各种责任和义务。因此，在这一步里，学生需要完成两个任务，一是分辨出哪些角色是自己必须担当的，如学生和孩子，哪些则是可以选择的，如社团成员、兼职者、志愿者等；二是确定所担当角色的具体含义，即我要如何扮演这个角色，我将以什么样的面目出现在生活当中。

第三步：定义关键任务。

在确定了自己的角色之后，为了担当好这些角色，个体就必然要去完成一些事情。塞沃特把那些最能够帮助个体担当好角色的事情，叫作关键任务。为了更明确地知道自己的关键任务，个体可以通过列表的方式进行分析，见表6-1。

表6-1　定义关键任务

角色	关键任务
学生	提高成绩，着重提高专业操作技能
朋友	和朋友们在一起，或者打电话问候朋友
儿女	做正确的事情，不让父母失望
班长	组织班级活动，使班集体更有凝聚力
……	……
以上所有	保持健康，合理饮食和适当锻炼

这一步对学生们来说非常重要，它实际上是一个把个人的核心问题清晰化的过程。在这一步，学生要知道，即便每个人扮演的角色名称相同，但角色的内涵可能差别很大。

第四步：SMART 设计年度目标。

前面三步更多的是从理念的层面确定自己的道路，从这一步开始则进入了更为具体的步骤。年度目标发挥着轴心的作用，它将生活理想和生涯角色与短期计划联系起来。SMART 公式是一种有效的确定未来一年阶段性目标的方法，根据这个公式，短期目标应符合如下五个标准。

S（specific）——特定性：目标应该具体明确，否则将是空洞的幻想（我要让父母满意——我要在学习上投入更多时间）。

M（measurable）——可测定性：该目标是具体可测量的（我要好好学习——我要平均成绩达到 85 分，英语超过 90 分）。

A（action）——行动指南：目标应指明人们朝积极的方向采取行动，有操作性（我要用功学习——我要每天花十个小时学习，每天至少三个小时的晚自习）。

R（reality）——现实性：目标虽然定得很高，但一定有实现的可能（在这一年里，我要每天早上六点半起床，晚上十一点睡觉，除了每顿饭的半个小时，其他时间都要按照规定时间学习、阅读，在这一年里，每天至少保证三十分钟的体育锻炼）。

T（terminable）——期限性：目标应有具体的实现期限（我要好好学习英语——在年底之前，我要通过英语六级考试）。

这种方式确定的目标具有很高的现实性和可行性，因而能够有力地推动计划的实施。

第五步：分清主次先后顺序。

时间管理成功的关键就是集中精力做最重要的事，谁能完美地安排好事情的先后顺序，谁就能把时间掌握在自己手中。那么如何划分事件的先后顺序呢？时间管理优先矩阵就是一个好的选择。把每个事件都从两个维度进行划分，即重要程度和紧迫程度。所谓重要程度，就是指这件事和个体目标的相关程度。越是可以直接影响目标实现的事件，越重要。所谓紧迫程度，就是指此刻与这件事需要完成的最后期限的时间距离。时间距离越短，越紧迫。

A 区间：既重要又紧迫的事件，必须马上解决它们。

B 区间：重要的事件，但并不是很紧迫，可以把它们缓一缓，但要事先做好计划，拟定最终完成期限。

C 区间：紧迫的事件，但并不重要。这类事件会占用很多时间，从提高效率的角度应该尽量少做，但也可根据自己的时间选择。

D 区间：既不重要也不紧迫的事件。这类事件可以直接忽略。

第六步：高效完成日常事务。

一天是我们制订计划的时间单位，我们每天早上应专门拿出几分钟时间，检查一下这周的计划表，哪些事的确很重要。今天需要全力以赴做什么。

那么，怎样制订一天的计划呢？有人总结了七个基本原则：

（1）一切计划落实到书面。

（2）在前一天晚上做好计划。

（3）估计每件事大概花多长时间，规定最高限度。

（4）不要把全天时间都列入计划，应保留适当空余时间自由支配。

（5）归纳相同程度的活动，描述一天粗略的安排。

（6）全力以赴完成重要事件。

（7）以积极的态度开始和结束每一天。

第七步：自我约束——每日成功的基础。

赢得时间的一个重要方法就是自我约束。事情从来都是知易行难，如果不能做到自律，那么前面所有的计划都只能停留在纸面上。这一步没有什么窍门，唯有毅力。当然自律并不是要把自己完全变成一台高速运转的机器，适当地放松也非常必要。

三、情绪管理

（一）情绪管理及其价值

情绪是个体对外界刺激主观的有意识的体验和感受，具有心理和生理反应的特征。情绪管理是指通过研究个体和群体对自身情绪和他人情绪的认识、协调、引导、互动和控制，充分挖掘和培植个体和群体的情绪智商、培养驾驭情绪的能力，从而确保个体和群体保持良好的情绪状态，并由此产生良好的管理效果。简单地说，情绪管理，就是用对的方法、正确的方式，探索自己的情绪，然后调整自己的情绪，理解自己的情绪，放松自己的情绪。

心理学家丹尼尔·戈尔曼认为"情绪智商"是我们与别人相处能力的一个方面。戈尔曼主张智商能力不能只通过估量一个人的天分来确定，因为社会上功成名就的人，大部分是靠了解和管理自己的情绪以及体察他人的感觉而成功的。

情绪是了解自己的线索，优质的情绪管理能力能对生活产生以下帮助。

（1）身心更健康：能引导自己转向正面情绪，减少压力和挫折，提升身体的免疫力。

（2）合作更愉悦：能面对问题坦诚沟通，与他人相互激励。

（3）学习有效能：能自我了解，善用自己的优势提升潜能，达成学习目标。

（4）领导更轻松：能与他人共同学习与激励成长，幽默，知人善任。

（5）人际更和谐：对他人的需求与情绪较敏感，能展现关怀与处理冲突情景。

（6）生涯更成功：能自我疼惜与照顾他人，保持开放的心胸，迎接挑战。

（二）情绪管理的方法

1. 提高情商

情商属于一个人的综合心理素质，提高个人情商的一般步骤是"找缺陷→定计划→见行动"。

（1）找缺陷：找到自己不足的地方。首先要正确地对自己进行评估，找出职业情商欠缺在什么地方。要找准自己的不足，除了自我觉察外，还要了解别人对你的看法，社会或市场对你的认同。在学校里可以多听听老师、同学的意见，也可以设计一定的调查评估途径，得到一些匿名的建议和意见。

（2）定计划：制订目标和计划。找到自己职业心理素质的不足之后，就要制订提高情商的目标和计划，这可在教师的指导下完成。

（3）见行动：重塑自我，从小处着手。培养自己每一个行为习惯的过程都是重塑自我的过程，在这个过程中，需要对自己的观念、心态、习惯进行调整，要从细节入手。落实计划后要尽快行动起来，要勇于和别人交流、沟通，富有觉察力和同情心。

2. 接纳情绪

（1）清楚自己的情绪及产生原因：情绪会影响生涯决策，不良情绪会影响自己，甚至是身边的其他人。因此对自己的情绪要善于接纳，同时要能通过适当的方式宣泄或者转移。千万不要压抑自己的情绪，那只会让情绪在一定时间内积蓄得更加强烈并爆发出来。

（2）杜绝自寻烦恼：表面上情绪稳定、精神健康的人并不是没有烦恼。如果不加提防，也会产生一些心理问题。每个人要注意时常反省自己的情绪，不要坠入自寻烦恼的陷阱。

3. 宣泄情绪

过分压抑只会使情绪困扰加重，而适度宣泄则可以把不良情绪释放出来，从而使紧张情绪得以缓解、放松。因此，产生不良情绪时，最简单的办法就是"宣泄"。宣泄一般是在背地里或在知心朋友面前进行的。采取的形式或是用过激的言辞抨击、谩骂、抱怨恼怒的对象；或是尽情地向至亲好友倾诉自己认为的不平和委屈等，一旦发泄完毕，心情也就随之平静下来；或是通过体育运动、劳动等方式来尽情发泄；或是到空旷的山林原野，拟定一个假目标大声叫骂，发泄胸中怨气。必须指出，在采取宣泄法来调节自己的不良情绪时，必须增强自制力，不要随便发泄不满或者不愉快的情绪，要采取正确的方式，选择适当的场合和对象，以免引起意想不到的不良后果。

4.优化情绪

优化情绪可以采用6H4AS情绪管理方法，以增加快乐，减少烦恼，保持合理的认知、适当的情绪、理智的意志与行为。

当陷于苦恼、生气等负面情绪，出现行为冲动时，使用4AS法来管理情绪，同时运用6H法打开六种快乐的资源，增加快乐，优化情绪。

（1）6H（happy）。即六种快乐方式，指奋斗求乐、化有为乐、化苦为乐、知足常乐、助人为乐、自得其乐。

（2）4AS法。A：Ask，即反问，反思；S：Step，即步骤，也就是以下四个反问反思步骤：

①值得吗？自我控制！

②为什么？自我澄清！

③合理吗？自我修正！

④该怎样？自我调适！

四、压力管理

（一）压力与压力来源

1.压力

压力是当人们去适应由周围环境引起的刺激时，人们的身体或者精神上的生理反应，它可能对人们心理和生理健康状况产生积极或者消极的影响。

持续增长的压力已经成为现代社会的流行病。随着社会节奏的日益加快，因压力太大而患病的人数正逐年递增。

压力依据事件性质可分为正面压力（如升职）与负面事件压力（如地震或升迁无望）；压力依据时间长短也可分为短期压力（如期末考试或参加节庆）与持续压力（如领导期待太高造成的工作负荷）；压力也可以依内外因素分成特质压力（如易于焦虑、紧张或完美主义的性格）与情境压力（如突然遭受处分）。压力是生活的一部分，一般人常认为只有那些造成自己不快乐（如分手或考试不及格）的事件才是压力，其实这个想法并不完整。无论事件给个体的感觉是好还是坏，只要有事件发生，个体就都必须耗费能量来应对。例如，结婚是好事，但是筹备婚礼的人会感受到物质与精神上的巨大压力；名列前茅是好事，却也因为害怕退步而倍感压力。

因此，可以说压力是一种能量状态。人感受到压力，是指人的能量不能满足供应所需。能量包括脑力、心力及体力三种形式。脑力是指认知、思考；心力是指情绪、感受；体力是指动作、行为。而心力、脑力及体力三种能量总和的耗费超出个体所能负荷的极限时，个体就会感受到压力，长期能量不足，久处压力之下，必定危害到个体的健康。

压力使我们的人际关系疏远，工作绩效降低，健康受到损害，影响我们的生活质量。因此，我们必须进行有效的压力管理。

2. 大学生压力的来源

随着社会的变迁，大学生所面临的环境对他们的要求也日趋复杂化、多元化、高级化，这使得大学生承受着日益严重的心理压力。

大学生压力来源包括个人因素（健康因素、性格特质、自我期望、认知思考习惯等）或环境因素（家庭期望、学校、学业、就业、职场转换、经济负担、社会变迁等）。当面对威胁或机会时，人的身体和情绪会作出反应，使人在心理、生理、行为、情绪上的安全感或自我评价遭受影响。

（二）压力管理方法

压力管理是个体面对压力的应对方式，其目的是要减轻或者消除个体所承受压力的影响，或预防压力的产生。

1. 压力源处理

（1）问题处理：认清压力事件的性质→理性思考及分析事情的来龙去脉→确认自己对问题的处理能力。寻求并收集有利于解决问题的信息（包括如何运用家庭及社会环境的支持）→拟定问题解决计划→保持良好心态，积极处理问题→若已完全尽力，仍不能短时间内解决，则表示难度很高，这时既可以长期不懈努力，也可以考虑放弃。

（2）认知调整：有时候，压力并不像大学生所想的那样重。很多时候，压力过重往往是大学生认识上的误区所致。大学生遇到压力容易出现的认识误区有：夸大问题的严重性；看不到事情积极的一面，忽略问题带来的正面效应；内心的罪恶感、自卑感或厌倦感等。

2. 压力反应处理

（1）舒缓情绪：不良的情绪会干扰问题的解决，情绪失控使人不能执行已经拟定好的问题解决计划，甚至使事态恶化，压力增大。因此，面对压力，舒缓情绪是首要和关键的一步。人只有在平静的心态下，才能头脑清醒地看清形势并想办法解决问题。

（2）生理反应的调试：当感到压力时，要主动进行放松训练，如肌肉松弛训练，想象放松练习等，这样可以使心跳、血压和肺部的耗氧量降低，从而使身体各器官得到休息。另外，也可以做一些适当的运动，使紧张的生理反应平静下来。

（3）行为调试：避免不适当的宣泄行为，如滥用药物、酗酒、大量抽烟或者涉足不良场所，以免给自己造成不必要的伤害。应当进行正当的娱乐休闲活动，如参加同学聚会、打篮球、打羽毛球、参加公益活动及其他团体活动等。

3.压力调节

如果压力是能量的形式，那么压力管理就是一种能量的调节，调节之道是"开源"与"节流"。

"开源"是指储备能量，也就是随时储存能量，以便满足个人生活、学习、工作或职业发展等需要。"开源"的具体方法包括以下三种。

（1）时间管理：检视与安排重要的事情和紧急的事情，每天都要抽出一定时间做重要的事情。不要将自己淹没在紧急或琐碎的事件之中，延误重要的事情。重要的事情应完成而未完成时，压力就大。

（2）寻求资源：检核与建立支持系统，适时求助他人。求助并不可耻，互助是美德，因为求助并不是情绪上的脆弱，而是在行动上的积极实践。

（3）换种想法：重新评估信念和自我内心，察觉负面思维，以正向信念取代之。

"节流"是指节省能量，也就是随时节省能量，以便应对生活中的课业或工作等方面的需求。"节流"的具体方法包括以下两种。

（1）肌肉放松训练：放松地坐在椅子上或平躺在床上，训练自己放松，体验放松的身体状态，默念以下四个步骤。注意身体的平衡→尝试去感觉心跳→控制呼吸，轻轻地吸进来慢慢地呼出→在心中强烈地暗示自己——让我的手心温暖起来。重复这四个自我暗示的步骤，持续十五分钟，至少每天一次。

（2）随时觉察是否不当用力：让生理、身体、心理情绪、脑力思考经常都处在"节能"的状态。

总之，压力管理就是在脑力、心力、体力三方面，做到能量的"开源"与"节流"。

除了通过上述方法来获得对生涯角色的平衡管理，还可以借助其他力量，比如在进行职业生涯选择、选择或转换职业时，获得专业职业咨询师的帮助可以更便捷地解决问题。随着电子咨询业的出现，地理位置上的距离已经不再是获得咨询师帮助的障碍，如何充分获得外界的支持是个人职业发展应该考虑的一个问题。

第七章　大学生生涯教育的实践

第一节　国内升学学生生涯设计实例

一、学生实例 1

李同学是某高校软件工程专业的毕业生，但是他不太喜欢做与软件开发和设计有关的工作，尤其是在课堂上的时候，他感到很费劲。尽管他获得了学士学位，但他还是把从事与本专业工作有关的职位拒之门外。因此，他决定毕业后跨专业考取研究生。

高中时，李同学本来想选择文科，但是父母认为理科更容易找到工作，赚取更多的钱，最终他犹豫了一番，选择了理科。考上大学时，也是根据父母和老师的建议，他选择了软件工程专业。

软件工程专业的学习负担对李同学来说是很重的，一开始就是一系列的基础课，比如高等数学和大学物理，他在学习这些课程时花费了很多心思和精力。不过也有一些他感兴趣的选修课，比如经济学和旅游相关的课程，上这些课的时候李同学觉得很有意思，也能快速完成相关作业。

李同学在毕业前面临一个纠结的选择，是跨专业考取研究生，还是毕业后从事他并不喜欢的软件相关的工作？为此他向学院的老师寻求帮助。

老师：你在以前准备过考研吗？

李同学：没有。我不想再学软件工程了，学得很痛苦，很吃力，觉得自己忍受够了，我知道周围的学霸是怎样的一个学习状态，他们一些人在准备考研，想在计算机方向继续攻读；我也不准备考本学院或外校相关专业方面的研究生；周围的人没有跨专业考研的，师兄师姐都是在技术领域，我想跨专业又不知道该问谁。

老师：要是跨专业的话，你想考哪个专业的研究生呢？

李同学：我想跨专业考管理学方向的研究生。

老师：那你打算考哪所学校呢？

李同学：这个我还没想好，我看您是管理学的背景，能给我简单介绍一下吗？

老师：总而言之，实力雄厚的综合性大学大多提供这一专业，如北大、清华、人大、浙大等，虽然他们所拥有的专业名称相同，但是具体的研究领域和关注焦点却有所不同，学生的就业去向也有所差异。你可以到每所院校的官网上查询，了解他们的教学情况、研究风格、就业去向等，以便找到最适合自己的学校。此外，如果可以，你还可以与同专业的师兄师姐交流，询问他们的考研经历、学习体会、研究内容、毕业去向等，为自己收集全方位的信息，最终再做出最佳选择。

李同学：谢谢老师，我回去后就按您的建议开始准备。

老师：你打算什么时候考呢？想过怎么安排自己的学习、生活吗？

李同学：为了不让家里的负担增加，我打算明年春天就在武汉找份工作，以此维持自己的日常开销，同时利用业余时间准备考研。武汉是省会城市，拥有丰富的工作机会和众多高校，我也很熟悉这里，所以我决定先在这里工作，同时努力准备考试，争取能一次通过考研。

老师：看来你自己有一定的规划了，你是跨专业，没有专业基础的积累，而且白天又要工作，剩下的准备时间确实不太多，你觉得自己有多大把握能考上呢？

李同学：只要是我认定的事，就会全心全意地用心做好并能成功完成它。从小到大，我的学习能力、考试能力还是可以的，我不怕吃苦，通过自身努力，各种考试都能考取高分。而且我的生活自理能力很强，多年在外学习，父母很放心，我能照顾好自己。

老师：能够具体举一个例子吗？讲一个在学习上令你有成就感的事情。

李同学：学习软件工程这个专业时，我并不怎么喜欢，学习时既费劲又沉重，而且周围学霸的压力也让我提不起信心，甚至有时候想放弃。大三上学期时有一次实验，对我来说是一个重要的转折点。当时我们是小组编程，全班有六名女生，都分到了一个组，大家都不太懂，也不知道应该怎么做，但是这个任务必须完成。谁也不想担任组长，最终，因为我习惯在家里承担责任，所以我主动担任了这个小组的组长，从此大家一起查资料，求助多方，不断交流，一步步地商量，测试，最终完成了任务。这种成就感真是太棒了，我终于明白了编程并不可怕，只要付出足够的努力，就可以做到，于是我继续努力，甚至在刚入学的时候就获得了奖学金。我意识到，即使是对自己没有兴趣的编程，也可以通过努力学习而掌握，若是学一些自己感兴趣的课程，那就更没问题了。

通过咨询，老师发现李同学对自身具有基本的了解，对未来的发展也有大概的想法，只是需要更加明确、更有信心，以及更大的勇气去行动。最后的咨询可以说是成功的，李同学通过探究自身的职业兴趣、价值观以及能力，对自己的选择坚定了，他认为跨专业考研是可行的，准备找时间跟父母沟通，减少他们的担忧，希望得到父母的支持和理解，让他们知道这个决定也可以有美好的未来。李同学从一开始的迷茫不知所措，到最后有了行动计划，他觉得自己的方向渐渐明确了。他为了能够跨专业考研，制订了一些计划，以下是他的学习心得。

（一）提前规划，自我剖析

1.基础阶段：3~4月

主要任务：确定目标，制订计划。

为了合理制订复习计划，我们需要了解目标院校专业的报录比、分数线等基础信息，同时还要根据考试科目及难度，以及自身的学习基础和实际情况，摸清自身优劣势才行。李同学决定跨专业考管理类专业硕士研究生。

2.强化阶段：5~10月

主要任务：取长补短，稳中求进。

根据学习计划，严格完成每日的"To do list"，避免滚雪球、切勿假努力。每一门课程都很重要，不能轻易放弃自己不擅长的，也不能把太多时间花在特别薄弱的部分上，而忽视了原本可以拿高分的科目，时间有限，要学会抓住重点，释放次要。

考试一共有两门：一是英语，二是管理类综合，包括逻辑、写作、数学；考试时间分别为3小时。

（1）英语。主要考阅读、翻译和写作，每天背单词是基本功，阅读、翻译都需要词汇量和真题的积累，没有捷径。大小作文需要每周练习1~2篇，学习几个模板，主要是掌握框架、记住常用的分析句（复杂长句更佳）。

（2）逻辑。考察近十年的真题，不可以"凭感觉"做题，刚开始可能会觉得很轻松，但后期会很艰辛，可能会影响整体节奏。要有系统性地掌握解题技巧，节约精力、节约时间。

（3）写作。坚持每周各练习一篇论证有效性分析和论说文，勤练审题、多看范文、多学框架，培养自己的写作风格。

（4）数学。背诵公式+无限刷题+错题集。

3. 冲刺阶段：10 ~ 12 月

除了坚持日常学习，还要定期进行模拟考试，一般来说每月进行模拟考 3 ~ 5 次。模拟考试时，要选择安静的教室或者图书馆，控制好时间，模考完毕之后，要进行完整的复盘，从时间分配到错题类型，寻找合适的做题顺序，并针对失分部分进行攻破，比如寻找老师的批改订正；最薄弱的数学，可以在几次模考后，调整做题顺序为：逻辑—写作—数学（别忘记预留一定的时间用于填涂答题卡）。

（二）找准组织，抱团取暖

一个人能走得很远，但是一群人会走得更远，"单打独斗"不如"抱抱大腿"，请根据自身情况选择线下或者线上组织。

1. 线下补习

每周末有定期上课的模式，便于进入备考状态；专业的老师系统地教授知识，随时考核学习成果。

2. 线上补漏

备考后期，他购买了各科网课，在同学们的协助下，分享资料、互相监督，可以减少考研路上的不少艰辛。

（三）保持心态，坚定信念

要坚定考研信念，良好的心态要贯穿始终，只有清楚"为何考研"，才能在最后冲刺阶段坚持到底，克服困难。在短时间内看不到提升没关系，不要自暴自弃，也不要与他人攀比复习进度，问题想不出答案就去做，李同学坚持考上了理想学校，成为一名管理学专业的研究生。

二、学生实例 2

王同学是来自西部某省，报考机器人工程专业的一名高校的学生，专业性较强，就业前景受到较大限制。他出身于一个民主、开放的家庭，可以自由决定未来的发展方向。到了大三时，他就开始准备考研，但直到大四，仍在权衡考研和工作的利弊，一直在困惑之中，王同学来到本院老师的教室咨询。在这次咨询中，老师指引他对未来的工作和生活方向进行探索和思考，让他明确两个选择，提出对他的未来会有哪些影响。

老师：你期望的工作是怎样的？

王同学：我希望能找到适合自己的工作，能够把它做好。如果去做不适合的工作，我觉得会很痛苦，最好是在科研院所、国企等单位工作，这些地方的工作比较稳定，社会地位也比较高，还容易有成就感。

老师：现在拿到录取通知的单位满足这些条件吗？

王同学：不满足，那是一个普通的小企业，工资待遇也一般。

老师：投简历时有投一些国企、科研院所类的单位吗？

王同学：有，但几乎没有面试的机会，因为很多优秀的单位招收双一流高校的硕士，而我不符合要求。

老师：也就是说，如果有了硕士学位，就业情况会好很多？

王同学：对，就我的专业来说，会好很多，因为很多企业在招聘时，都要求硕士以上学历，有了硕士学位的话，搜寻就业机会的范围也会比较广。

老师：家人对你有哪些期望？他们对你就业有资源支持吗？

王同学：我的家人比较开放，尊重我的意愿，但是也希望我能在大城市有一份稳定的、受人尊敬的、收入也不错的工作。他们都是小县城的普通上班族，没有太多的帮助资源。

老师：也就是说，想要拥有理想的生活，还得靠自己努力。

王同学：嗯，所以我有些焦虑。

老师：如果你考研，不能马上工作，会给家庭造成负担吗？

王同学：不会，我父母都有工作，身体也不错，家庭负担不重。

老师：你觉得对你来说，考研和找到理想工作，哪个更容易？

王同学：不好说，都不容易，硬件条件不改变的情况下，找到好的工作的概率仍然较小，考研机会似乎会更大一些。

根据上述的谈话，老师协助王同学完成了生涯决策平衡单，推动他做出决定。平衡单将"考研"和"找工作"列为两个项目，王同学经过分析，明确了他所考虑的影响因素，包括"个人发展预期""符合个人的价值观""符合个人的兴趣""实现此目标的难度""自我实现及成就感""家人支持/期望""生活压力""未来就业机会"八项，王同学把每一项因素根据自己认为的重要性给予权重（1～5），并且给每一项因素赋予分数，正数代表"正面影响"，负数代表"负面影响"，分数范围在 –10～10。他认真地为每一项进行赋值，最后测算出来的结果为：读研的分数远远大于找工作。

老师建议王同学要在考虑多个因素的基础上做出最终的选择。王同学认清他之前只是纠结考研还是找工作，这两种现状都令他不满意，但又不知道该怎么改变。现在他明白无论做哪种选择，都是需要综合考虑多种因素的结果，要以发展的眼光看问题，而且任何选择都要有取舍，都有风险，不能回避。测评的结果显示王同学读研的优势远大于现在找工作，他最终决定把精力集中，为考研做充分准备。

本次咨询结束后，老师仔细回顾了整个咨询过程，总结了以下几点。

（1）职业规划师表面上看起来是专家，但实际上来询者是真正的专家，要以来询者为中心，贴近来询者，深入他们的内心世界，有效地帮助他们发现自己，激发自己。

（2）每个来询者的问题背后或许本来就有答案。在为王同学咨询时，老师能清楚感觉到他考研的意愿很强烈，因此就用决策平衡单陈述了考研和工作要考虑的问题，结果显示王同学考研的优势确实明显，他本人也有意考研。

第二节　求职就业学生生涯行动实例

一、学生实例 1

赵同学是财务管理专业的学生，他从大一开始就有着想要找到一份好工作的憧憬，因此他大二时就下定决心要为自己的未来努力。他参加学校和学院的各种活动，就是想要借此发现自己与其他人的差距，并通过不断学习把这些差距缩小。大三时，他加入了就业协会，担任主要干部，同时还担任某招聘公司的校园推广助理，负责企业的校园招聘和宣讲项目。在协会的活动中，他利用自己学业上的知识来完善协会的建设，用自己善于沟通的特质来团结大家，又以高效的行动来赢得大家的信任和支持。通过协会这个平台，赵同学的思维变得更加敏捷，行动也更加高效。

赵同学习惯学习身边不同人的优点，通过沟通拓展语言表达能力，他认为："细节攸关成败，气度决定格局；观念决定未来，态度决定全局！"因此，他在大二时就主动制定自己的职业生涯规划，先审视自身优势、缺点，再对价值观、兴趣、性格、能力等进行分析，确定了自己的职业发展方向是管理型人才。他又查阅资料了解就业行业的情况、职业的特点，最终确定目标职业是高级职业经理人。

赵同学为了实现自己的职业目标，积极参与校级项目，以提升自己的执行力、协调力和抗压能力。每次活动中，他都抓住机会与企业负责人接触，积极与企业高管进行有效沟通，不断扩大人脉圈。在执行校园某项目中，他结识了来自某企业业务部门的赵经理，后者对他的工作给予了高度赞许，两人继续保持联系，赵经理教给他不少学习上的建议和职场心态调整方法。大三时，他认真制作了简历，将其发给赵经理，后者将简历转给了某分区的人力资源部经理并作了推荐，最终赵同学通过了三关面试，成为该企业的一员。经过试用期，他现已成为正式员工，并借助生涯规划和努力实践，朝着成为高级职业经理人的梦想迈进。

二、学生实例 2

张某毕业于机电工程学院，但是在毕业前夕，当她要找工作的时候，却发现自己有一些困惑。在就业竞争日趋激烈的情况下，作为一个女孩，她也许会遇到更少机会。就职业选择而言，她不知什么样的企业是最适合自己的。周围的学生都接到了录取通知，而她还不知该给哪一家企业投简历。于是，张同学带着许多问题前来求助辅导员。

在向辅导员寻求帮助的过程中，招聘会已经进行到一半，同学们先后接到笔试、面试的通知，她却一无所获，内心格外焦虑。

经过第一次会面，辅导员发现张同学对就业机会没有特别的要求，只希望在武汉就业，而且她投递的简历主要是研究所，因为听说那里有住宿福利。为了帮助张同学，辅导员将求职范围缩小到当地的央企和国企，并建议她准备两份简历（研发和非研发领域），投递简历时要有明确的目标，结合专业投递研发岗位，以及一些非研发、理工科或不限专业的岗位。同时，要调整心态，不能同时期望高薪和小压力，要分清主次，如果把工资放在第一位，其他条件就得降低，还要投一些不太难进的单位，争取笔（面）试机会，提高自己的技巧熟练度。

根据张同学提出的需求，辅导员和她一起商定了她的规划目标：确定就业单位；调整求职心态。

同年 11 月，张同学再次向辅导员求助，经过一个月的调整，张同学从一开始只考虑最有前景的公司和最抢手的部门，不考虑专业不相符的情况，到了能够有主动性、有方向性、有针对性地投递简历，并且也投了一些不限专业或理工科都可以的非研发类岗位，如银行、央企国企管理岗位等，收到了一些面试的邀约。但是张同学最想去的研究所却没有回复。而且在张同学的父母得知研究所没有消息后，不希望张同学进入企业，而是建议张同学准备公务员考试。张同学之前没有考虑过考公务员，也没有学习过行测和申论，更不清楚自己是否适合公务员岗位。在现阶段求职，又准备公考的情况下，张同学感到压力很大。

根据张同学面临的问题，综合现状，在辅导员的指导下，张同学做出了决定：一是坚持向自己想去的研究所投递；二是参加已收到的招聘单位的笔（面）试，积极争取录用通知；三是张同学本人并不想考公务员，回去做父母工作，以本人意愿为主，现在突击备考公考，会牵涉巨大精力，不利于求职就业。

张同学收到了武汉某银行和研究所的录用通知，第三次来到辅导员处咨询行业选择和工作压力的问题。据张同学所述，该银行的岗位偏向营销，多与客户接触，工资福利较好，但面临业绩指标的考核，完不成收入差异较大；另外，还需要在武汉核心区域租房，房租较高。而研究所设有宿舍食堂，工作压力较小，岗位与张同学所学专业更加契合，但工资待遇较银行低一些，同时，周末加班较少。张同学在两者之间犹豫不决，既想享受高工资，又担心无法承受较大的工作压力。因此，咨询辅导员，根据实际情况，哪个单位更适合自己？

当张同学收到来自两个单位的录用通知时，这两项工作都很不错。辅导员要求张同学结合自身条件，把就业的几个主要点按顺序排列：自身发展、工资待遇、工作强度和岗位匹配。经过全面思考，张同学认为虽然银行里薪水会略高，且只要做得好还会有奖金，但是工作压力更大。与此同时，她对研究所的渴望由来已久，而该所的职位更能充分发挥其专业优势，也解决了吃饱穿暖等问题。于是，张同学最终决定到研究所任职。

三、学生实例3

在当今竞争激烈的就业市场中，医学院校的学生面临着前所未有的挑战与机遇。他们不仅需要掌握扎实的医学知识和技能，还需要具备良好的沟通能力、团队协作精神以及持续学习的能力。以下是一位医学院校学生——张伟（化名）的求职就业生涯行动实例，他的经历或许能为即将步入职场的医学学子提供一些有益的启示。

大学五年，张伟的学习生活紧张而充实。他深知医学是一门需要终身学习的学科，因此始终保持着高度的学习热情和严谨的学习态度。课堂上，他认真听讲，积极思考；实验室里，他刻苦钻研，勇于创新；临床实习中，他虚心请教，积累经验。通过不懈努力，张伟不仅取得了优异的成绩，还多次获得学校的奖学金和优秀学生称号。

（一）职业规划，明确方向

随着大学生活的深入，张伟逐渐意识到职业规划的重要性。他利用课余时间参加了多场职业规划讲座和就业指导活动，对自己的职业兴趣、能力特长以及行业发展趋势有了更加清晰的认识。经过深思熟虑，张伟决定将未来的职业方向定位于心血管内科领域。他认为，心血管疾病是当前社会面临的重大健康问题之一，从事这一领域的研究和治疗具有深远的社会意义。

为了进一步明确职业目标，张伟开始主动寻找心血管内科领域的专家学者进行交流，了解该领域的前沿动态和研究热点。同时，他还积极参加各类学术研讨会和科研项目，努力提升自己的专业素养和科研能力。通过这些努力，张伟不仅开阔了视野，还结识了一批志同道合的朋友，为未来的职业发展奠定了坚实的基础。

（二）实习锻炼，积累经验

实习是医学生将理论知识转化为实践能力的重要环节。张伟深知这一点，因此在实习期间，他始终保持着高度的责任心和敬业精神。无论是在医院的病房、门诊还是手术室，他都能迅速适应环境，积极融入团队，为患者提供优质的医疗服务。

在心血管内科实习期间，张伟更是全身心投入。他不仅要负责患者的日常查房、病情记录等工作，还要参与手术室的助手工作，协助医生完成各种复杂的心脏手术。这些经历不仅让张伟积累了宝贵的临床经验，还锻炼了他的应变能力和团队协作能力。更重要的是，他深刻体会到了作为一名医生的责任和使命，更加坚定了自己从事心血管内科工作的决心。

（三）做好求职准备，全力以赴

转眼间，张伟即将迎来毕业季。面对严峻的就业形势，他并没有丝毫的懈怠和焦虑。相反，他更加坚定了自己的职业目标，并着手求职准备。

首先，张伟精心准备了一份个人简历，详细列出了自己的教育背景、实习经历、科研成果以及获奖情况等。他还特别注重简历的排版和表述方式，力求做到简洁明了、重点突出。

其次，张伟积极参加各类招聘会和宣讲会，与用人单位进行面对面的交流和沟通。他通过了解用人单位的招聘需求和岗位特点，有针对性地展示自己的优势和特长。同时，他还积极向学长学姐和身边的朋友请教求职经验，不断完善自己的求职策略和技巧。

最后，张伟还充分利用网络资源，通过各大招聘网站和社交媒体平台发布自己的求职信息，积极寻求更多的就业机会。他还参加了多场线上线下的面试和笔试，不断积累面试经验，提升自己的竞争力。

（四）成功入职，开启新篇章

经过几个月的努力和坚持，张伟终于收到了国内一家知名三甲医院心血管内科的录用通知。这份来之不易的工作机会让他激动不已，也让他更加珍惜未来的职业发展。

入职后，张伟迅速适应了新的工作环境和节奏。他不仅在临床上努力提升自己的专业技能和服务水平，还积极参与科室的科研项目和学术活动。他深知，只有不断学习和进步，才能在激烈的竞争中立于不败之地。

在工作中，张伟始终保持着高度的责任心和敬业精神。他对待患者耐心细致、认真负责；对待同事友好真诚、团结协作。他的表现得到了领导和同事的一致好评，也为自己的职业发展奠定了坚实的基础。

第三节　自主创业学生生涯发展实例

一、学生实例 1

某高校的某创业项目的负责人张同学预定了一对一咨询，主要是因为他最近与团队成员出现了分歧，情绪也比较低落，希望创业指导老师能提供有用的建议。创业指导老师用了沙盘游戏帮助小张走出困境。

老师：小张，你再看看你的沙盘，还有没有需要完善的地方？

张同学：嗯，应该没有了。就这样吧，这就是我现在的心情。

老师：好，那你自己来解释一下沙盘里的画面吧。

张同学：这个城堡里住着我的亲人，我也在里面，此刻特别想和家人在一起，做什么或不做什么都好，就是想和家人在一起。城堡外面的桥下是古代时候的护城河，如果有敌人来，我可以把桥吊起来，保护家人。河的两边有树，我亲手种的，期望它们长成参天大树，那时我就特别有成就感。另外，这些篱笆，虽然它与城堡的距离很远，但是，它的意思是想告诉敌人，这是我的地盘。也就是这个意思。

老师：画面挺清晰的。看着这个画面，你此时此刻的心情能描述下吗？这是你理想中的画面吗？

张同学：我感觉又委屈又生气，不想再搭理他们，感觉他们咋那么难沟通，不在一个频道啊。我理想中的画面当然不是这样的了。

老师：嗯嗯，我能感受到你在努力工作，但还是不被队员理解的委屈，但你还是没有放弃你的团队，能感受到你对他们的真挚友谊。那你理想中的画面是什么样呢？你可以试着再创作一下。

张同学：好，我试试看。

接着，张同学从沙具柜中拿出了几个小人，男性和女性都有，放在护城河边的树旁，还摆上了椅子，旁边是小鸡小狗。同时，他又拿了几朵花儿放在篱笆旁边。他解释说，这些小人代表城堡里的人，他们需要坐下来和和气气地谈谈。篱笆旁的花儿表示篱笆不是用来阻挡的，而是一种充满生机活力的友好的标志。他很喜欢这样平和又活泼的画面。

老师：张同学，你的悟性很不错，主动性强，自我沟通能力也很棒，在这个画面中，我看到了一个善于解决问题的张同学。你现在心情怎么样？

张同学：自己的心情变得轻松了，不那么闷了，明白了要做什么。只有开放的沟通，拆除障碍，才能更好地解决团队的问题。回去要把团队面临的紧迫问题弄清楚，调整好心态，再以最佳状态来领导团队。谢谢老师！

虽然初创团队面临诸多困难，但其中最大的一个挑战便是团队沟通。团队领导者的良好沟通能力能够有效实现客观、积极、正能量的工作态度，这也将对整个团队的沟通氛围产生重要的影响。

二、学生实例2

某大学参赛队项目是借助互联网技术，助力农民精准扶贫。该项目负责人刘同学老家在湖北红安，当地大多数农民靠种植业维持生计，其中，以茶叶种植最为重要。他发现在很长一段时间内，本地既无专业种植技术指导，也无专门企业专业从事地方茶产品包装、加工与品种优化，所以本地茶叶的产量与品质很难得到提升，更没有充足的销售渠道，以致产量极少。

这个小组灵活地抓住这个痛点，推出新品种，还发明了"源头可追溯技术加视频直播追溯"销售方法，对茶园进行分区，设置摄像头，实况直播，使茶叶种植更直观，让消费者在选购的时候更安心，饮茶也比较放心。另外，该小组还启动了一项由政府资助的认购制度，每一位顾客都能认购一块土地，每到茶叶采摘季节，均可自由携亲友参加采茶、制茶活动。

活动开展后，茶业种植合作社新增农人12名，又有效地利用闲置土地48亩，认购土地茶农的收入也由24 098元增加到38 000元，总收购价格由原来的93元涨到106元。刘同学促进了助农工程的落地，成功推广了农产品，提高了农产品的利润，使村民的生活有了显著的改善。这使他很满足。

在项目PPT制作过程中，项目团队严格遵守了前期写好的商业计划书，把PPT划分为执行总结、公司概述、产品服务、公司战略、市场分析、市场营销、网页设计、项目组织和管理、财务评估、风险防范十大模块，每单元 5 ~ 8 个 PPT，共 60 ~ 70 页。但是交上来之后得到指导老师的反馈是内容过多，由于演示 PPT 通常只需数分钟，而这个 PPT 重点并不明显，不能说完这么多 PPT。

项目团队在第二次编制项目 PPT 时，取消了以往的设计，借鉴以往获奖作品 PPT 创作经验，对一个新版本的 PPT 进行了重新酝酿。内容涉及项目背景、产品服务、项目成果、团队介绍和公司发展情况，每块只需 1 ~ 2 页 PPT 即可表述完。项目背景说明市场痛点及项目的可行性，产品服务描述产品的内容、作用、优点等，还有一些模块是以此为基础提炼出来的。指导老师经过审查，认为较为满意，并提出进一步改进意见，比如美化封面、添加目录、数据可视化等。

在付出很多心血之后，本课题研究小组最终编写出一个比较符合要求的 PPT。选手们认为，这个 PPT 不仅为比赛而战，更让自己眼前一亮，其中计划也是其本身工程的未来发展蓝图，通过这一挑战，他们对计划有了更明确的认识，对于参加比赛也更有自信。

第八章 职业续航，提升你的职业力

职业力，是一个人适应和胜任岗位工作要求的基本能力。要想在职场中生存下去，有一个良好的职业发展空间，就必然要求自我持续不断地提升职业能力，以匹配职场持续不断的发展变化。而想要提升个人的职业能力，也离不开持之以恒的职业续航行为，即始终让自我充满旺盛的求知欲，在规划好职业生涯、保持职业稳定的基础上，将自己打造成一名从容不迫、游刃有余的"职场精英"。

第一节 了解你的职业价值

职业续航，提升你的职业力

职业价值，又被称为职业营养价值。它指的是职场人士在从事一定的岗位工作时，所体现出来的自我价值。从职业价值的内涵来看，其又可分为职业产生的直接价值和间接价值。职业的直接价值，是职场人士在付出脑力或体力劳动之后，所产生的直接劳动价值。职业的间接价值，是指在直接劳动价值之外，工作岗位所赋予职场人士的声望、名利、地位等各个方面的价值。

一、职业价值的衡量

步入职场，经过一段时间的工作之后，头脑清晰的职场人士往往会对自身所从事的职业进行一个简单的回顾和总结，综合评定一下个人的职业价值。具体来说，一个人的职业价值，可以从这样几个方面衡量测定。

（一）工作中是否有学习、成长和进步的机会

工作的意义，不仅是通过付出劳动获得一份薪水，更重要的是，在工作中能够得

到学习、成长的机会，能够不断地提升个人的工作能力和专业技能，能够得到进步和发展。

> 张翰从职业院校毕业后，通过校招进入了一家电子公司工作。按照张翰的想法，他之所以选择这样的一家公司，是希望能够结合自己在学校里学习到的知识，在专业对口的基础上，通过实践锻炼，进一步提升专业技能。
>
> 然而等到张翰进入公司工作了一段时间后，他发现自己的选择是错误的。因为从入职开始，张翰便被分配到了流水线上，负责机器零件的装配工作。从基层干起，这是大多数职场人士共同的工作经历，张翰对此也没有抱怨，而是踏踏实实地投入工作。
>
> 谁知一晃半年的时间过去了，张翰始终在流水线的岗位上没有变动，每天都伴随着隆隆的机器声，日复一日地重复着简单枯燥的工作，这种工作模式让张翰倍感枯燥。当然，如果只是枯燥乏味的话，张翰还能忍受下去，关键问题是他入职了这么长时间，在知识技能的学习上一无所获，毫无长进。
>
> 静下心来的张翰仔细思索，认为这样持续工作下去不是长久之计，尽管每月的薪水还算可以，不过从长远来看，个人的职业能力得不到任何提升。想通了这一点的张翰，果断选择了辞职。在一番重新寻找之后，张翰入职了一家机械公司，从看图、设计学起，只要肯钻研努力，每天都会有进步。充实、有价值的工作，让张翰倍感欣慰，也为他当初第一时间辞掉原有的工作而庆幸。
>
> 张翰为什么选择跳槽？原因就在于他的第一份工作没有为他提供学习和成长的机会。虽然短期看薪酬尚可，但没有长久的发展，这也是张翰重新定位职业生涯的重要原因。

（二）工作是否快乐，能否为自己带来丰厚的薪酬回报

从职业价值的内涵来看，判断职业价值高低的标准包括：能否让人从工作中得到学习和成长，不断提升个人的职业能力；当自己的专业技能和工作岗位相匹配时，每天的工作是在快乐还是在压抑的气氛中度过；凭借自身的专业技能，能否通过这份工作获得丰厚的薪酬回报。如果答案都是肯定的话，那么这份职业的价值就颇具含金量，反之，其职业价值自然大打折扣。

> 王瑜从事的是程序开发工作，在积累了一定的专业技能和工作经验后，王瑜又来到一家同行业规模较大的公司工作。此时的王瑜已经三十多岁，他渴望的是拥有一份压力不是太大的工作，不要让精神太过焦虑。
>
> 但在工作了一段时间之后，王瑜发现这家公司虽然有着一定的规模实力，但是

在管理上更为严格，各种业绩考核层出不穷，甚至每周都要进行排名评比。除此之外，还有很多和本职工作无关的培训、团建等活动。原本希望能够在一个轻松愉快的职场环境中工作的王瑜，却发现这家公司的文化理念和自身的价值追求不相吻合。心态焦虑的他，在一年之后选择离职。之后，他以自己的所长，创办了一家小型互联网公司，专业从事各类 App 的开发。

王瑜离职创业，就是因为在他经过评定之后，认为先前他所从事的工作让他丢失了很多快乐，所以他才宁愿冒着风险创业，也不愿在原来的工作岗位上工作。

（三）所从事的工作，能够带来名利地位或其他东西

思考职业价值时，还要看个人所从事的职业，能否给自己带来一定的名利地位，或者能否对他人或社会产生较大的影响。如果一份职业，让自己有荣誉感、成就感和满足感，显然这一职业就具有较高的价值。

杨深在一家社会福利机构工作。刚进入单位时，杨深并不是太看好这份工作，薪水不高，工作内容也比较琐碎，主要开展社会救济、福利分配等事务。杨深认为这样的工作谁都可以做，意义不大，因此一度有辞职的念头。

但工作一段时间之后，杨深的观念渐渐地发生了改变，他无意中发现自己竟然喜爱上了这份工作。看到通过自己的工作，不仅让很多低收入群体的生活有了切实的保障，而且能帮助急需社会救济的人群，这让杨深从中收获到了满满的职业荣誉感，他感觉这才是社会上最有意义的工作。从此之后，杨深改变态度，全身心地投入工作，也受到了被帮助群众的一致好评。

工作中杨深前后态度的转变，其中起到巨大催化效用的正是他这份职业中所蕴含的社会价值，通过福利救助等方式，帮助了他人、贡献了社会、充实了自我。这份职业所闪耀的荣誉光环，正是吸引杨深愿意安心工作的主要原因。

二、职业价值和职业价值观的辩证关系

一个人所从事的职业的薪酬回报高低、社会荣誉感的强弱、学习成长机会的多少等，在很大程度上都影响着人们的职业价值观。这里的职业价值观，正是人们在充分认识职业价值大小、高低的基础上，在职业选择方面所体现出来的人生目标和人生追求。换句话说，也就是不同的人对于所从事职业意义的深化认识，从而进一步影响人们的择业观念和就业取向。

职业价值和职业价值观两者之间的关系是一种相辅相成的辩证关系。从某种意义上说，职业价值决定着人们的职业价值观。职业价值大，含金量高，自然会吸引更多

人选择。因此，人们在就业时，首要考虑的也是所从事职业价值的高低、大小，进而做出符合自我预期的判断。

明白了职业价值和职业价值观之间的辩证关系，那么如何才能找到符合自己职业价值观的工作呢？实际上，在具体求职时，我们可以先将自己的职业价值观一一列出，按照重要程度分出先后。这样，我们的职业选择范围就缩小了很多。

我们可以将个人的业务技能和工作经验一一列出，分别和上面列出的职业价值观做对比，明确自身短期和长期的职业目标，进而优中选优，进一步缩小职业选择的范围，找到和自己工作经验或业务技能相符合的工作或岗位。

第二节　职业生涯管理

职业生涯管理在一个人的职业目标追求和职业发展上有着巨大的作用。人们都希望在工作中实现自我价值，获得符合预期的薪酬回报，并在这样的一个基础上取得令自己满意的职业生涯发展，实现自己的愿望和追求，促进自身的不断完善。在这种职业愿景下，就需要正确合理地进行职业生涯管理，设计、规划自身职业发展的目标和计划，从而实现自己的目标。

一、不可或缺的组织职业生涯管理

在现代企业人力资源管理工作中，职业生涯管理工作显得尤为重要。从内容上看，职业生涯管理又分为组织管理和个人管理两个方面。将组织管理和个人管理有机结合起来，既能对个人职业发展带来益处，也能对企业发展起到推动作用，是一个双赢的过程。

我们先来看组织职业生涯管理。组织职业生涯管理主要指企业从员工个人职业发展的需求出发，结合企业自身发展的实际，在组织的指导下，通过技能培训、业务学习等方式，帮助员工建立完善自身的职业生涯规划、实现职业目标，以达到提升员工工作积极性的目的。

此外，组织职业生涯管理的实施，也让企业得以完成自身的业绩和经营目标。简单来说，可以让员工能够快速成长，企业自然也能从中受益。

李辉是一家人工智能（AI）机器人公司的老总，这几年随着 AI 技术的蓬勃发展，李辉所在的智能产品开发领域也迎来了大好机遇，企业产品供不应求，业务订单也急剧增长。

对于李辉来说，业务大幅度增长自然是让他喜出望外的事情。为了多占领市场份额，李辉着手扩大企业规模，四处"招兵买马"。很快，企业中的技术人员从最初的二十来个增加到五十多个，普通员工的数量也翻了三倍不止。

员工多了，企业规模大了，外部订单状况又极其喜人，按照现在的发展格局，企业经济效益应当越来越好，但半年之后，李辉却发现了公司存在的一些问题。

一个是员工的工作积极性并不是太高，部分员工情绪低落、态度敷衍，还出现了员工流失现象；另一个是从投入和产出比看，员工数量翻了两三倍，然而企业经济效益却没能随之成比例地增长。

为了弄清楚问题产生的原因，李辉和几名副总一起，带着人力资源部门的工作人员，通过重点谈话、问卷调查等方式，对全公司员工的思想状况开展了一次全面摸底工作。经过细致调查，李辉找到了问题的成因，其中的关键就在于公司没有对员工开展系统性的组织职业生涯管理工作。

原来公司规模扩大之后，技术人员的压力也越来越大。他们一方面要和同行业的技术开发部门竞争；另一方面，产品销售出去之后，又出现了技术支持工作繁重、技术梯队断代的问题。这些都让技术部门的员工压力大增，情绪上便有所影响。

普通员工也是如此，在他们看来，企业订单红火，和他们关系不大。不仅如此，他们每天还要加班赶任务，内心也多有不满。

李辉很快总结出了公司存在的两大问题：一是缺失员工职业生涯管理工作，技术人员业务技能的提升遇到了瓶颈；二是公司在员工绩效考核、薪酬激励体系方面的建设工作滞后，企业文化没有跟进，导致员工没有清晰的职业发展愿景。

问题的原因找到了，解决的办法又在哪里呢？李辉和人力资源部门的员工商量之后，决定在公司内部加强组织职业生涯管理工作，成立专门的职业生涯规划领导小组。针对技术部门，制订详细的学习培训计划，建立完善公司内部技术导师制度和进修制度；针对普通员工，以改革公司薪酬激励体系为抓手，鼓励他们建立职业生涯目标规划。李辉还为此成立企业发展中心和咨询中心，一切围绕着员工职业目标发展与规划服务。

经过一系列改革，员工的自我认知和工作积极性得到了很大的提升，职业目标也有了清晰的定位，企业管理工作也步入了正轨，困扰李辉的各类管理难题，也都在一定程度上得到了破解。

从李辉公司开展组织职业生涯管理工作的案例来看，企业的发展壮大，离不开对员工必要的职业生涯管理工作，同时这种管理工作，也稳定了员工队伍，提升了员工的工作积极性，在推动员工个人职业成长的基础上，也让企业得到了实惠。

二、个人职业生涯管理也无比重要

除了组织职业生涯管理工作，个人职业生涯管理也极其重要。个人职业生涯管理，又常被称作自我职业生涯管理。它指的是建立在自身兴趣爱好、工作能力以及长远职业发展目标规划基础上的一种自我管理。如想要从事什么样的工作，职业前景是否光明，没有发展前途的职业又该如何应对调整等，这些都属于个人职业生涯管理范畴的内容。

对于每一位职场人士来说，提升个人竞争力，获取满意的薪酬回报，都离不开个人职业生涯的管理。通过一定的个人职业生涯管理工作，不仅能让自己在困难的工作面前提升控制力和解决能力，还能有效地实现自我价值，在职场中获得薪资、名望、地位的全面满足。

甘萍是国内一所著名财经大学的毕业生，她的职业发展目标是能够成为高级财务经理。因此，在毕业之际，甘萍多方投递简历，最后有两个职位令她格外心动。

一个是一家大型国有公司的财务主管职位，另一个是一家业内闻名的会计师事务所提供的岗位，两家单位都不错，究竟该选哪一个好呢？

甘萍经过一番仔细分析思索，又在听取导师的建议后，最终决定入职会计师事务所。

其中的原因在于，会计师事务所有着完善的职业培训，职业前景广阔，和各类企业打交道，有助于提升甘萍的实战经验和职业技能，也有利于她职业目标的长远发展。等到甘萍真正成长起来后，从事高级财务经理工作也就不是什么难题了。

虽然那家国有公司的财务主管职位也比较对口，不过和会计师事务所相比，业务内容相对单一，因此从个人职业长远发展来看，显然后者更适合甘萍。

从事教师行业的雪玲，则是另一番景象。雪玲在大学学的是师范专业，毕业后进入一所学校工作。雪玲的长处，是拥有真才实学，工作兢兢业业；她的短处是不善于言辞表达，控场能力弱，尤其是处于人多的场合时，常会莫名的情绪紧张，思维逻辑一片混乱。

因此，雪玲虽然在教学过程中非常努力，不过成效甚微，学生也多次反映听不懂雪玲讲授的课程。面对这种困境，雪玲自然十分苦恼，她想要换一份工作，但又不知道哪个行业更适合她。暗淡的职业现状，让雪玲时时矛盾纠结着。

从甘萍和雪玲两个人的职业发展案例中可以看出，对于个人职业生涯管理，找准个人的职业发展方向至关重要。在职业生涯管理规划上，一定要充分结合自己的兴趣爱好、能力特长、职业发展目标诉求以及行业发展前景等要素，进行恰当的自我定位，选准个人的职业方向。只有进行有效的职业管理规划，才能使未来的自我职业发展前途一片光明。

第三节　巧用工具与方法，不断提高职业能力

职场中，职业能力是最被用人单位所看重的能力。众所周知，在实际生活中，学历、文凭这些纸面上的东西，看不到、摸不着，难以衡量。而职业能力，是人们在工作过程中所具有的各种能力的综合体现，职业能力的高低，在很大程度上影响着人们履行岗位职责和完成工作任务的效率。

一、什么是职业能力

谈到职业能力，一些职场人士常会简单地认为职业能力就是工作能力，两者之间是画等号的。实际上，这种认识是片面的，没能准确、全面地了解职业能力的本质内涵。

（一）职业能力的三大构成要素

从要素构成上看，一个人的职业能力主要包含三大基本要素。

一是任职能力，即个人能够胜任某一种具体工作或职业所具有的工作能力。举例来说，从事繁重体力劳动方面的工作，它对个体体力与身体素质有着较高的要求，身体健康、体格硬朗是首要条件，不然很难胜任这一方面的工作。

二是在进入职场之后，人们身上所体现出来的职业素质。如从事教学工作，在满足专业对口、普通话流利标准等基本职业能力条件之外，还需要从业者具备一定的教学组织、教学管理、教育效果评判等多种职业素质，这样才能更好地胜任教师这一职业。

三是在工作过程中所具有的职业生涯管理能力。简单地说，就是有着一定的职业发展目标，在职业生涯中不断提高自身的业务技能，以满足职场快速迭代发展的内在要求。

从构成要素角度来看，职业能力是一个人能否胜任本职工作、能否全面履行岗位

职责的综合素养体现。

（二）职业能力的三大类型

按照职业能力的广度和深度，其又可以进一步划分为一般职业能力、专业能力以及职业综合能力。

一般职业能力比较好理解，人们在从事某种职业时，所有职场人士都应具有的基本能力即为一般职业能力。比如正常的思维认知和判断能力、一般的认读能力、人际交往能力和较好的心理承受能力，这些都可以归入一般职业能力之内。

专业能力是对职场人士专业知识和业务技能方面的要求。如从事英语翻译工作，除了需要具备相应的等级证书，口语和笔译的功底也要非常扎实，否则就无法胜任岗位工作。

职业综合能力的内涵更深，它也可以被看作一个人关键能力的体现，其既要求职场人士具备过硬的知识技能，也对人们的学习领悟能力、工作过程中表现出来的灵活应对能力、团队协作沟通能力、开拓创新能力，甚至个人的职业品德和素质修养，都有着较高的要求。

当然，在职场中，一个人的职业能力并不是恒定不变的。随着经验、阅历以及知识技能储备的增加，在具体的工作实践和学习培训中，人们的职业能力也会有相应的提升和强化，以更好地适应个人自身职业发展目标和职业生涯规划的需要。

二、提升职业能力的方法

现代社会的职场竞争无处不在，竞争的激烈程度也令众多职场人士压力倍增。想要在职场中站稳脚跟，始终立于不败之地，就必然要对自身的职业能力加以提升，确定一个长期持续、系统性的规划。

此外，在信息化时代的今天，伴随着层出不穷的技术革新，知识的迭代更新越来越迅速，我们在学校里学习的专业知识，也许在短短几年时间里，就落后于时代，所以这也在客观上促使职场人士要时时注重个人职业能力的提高。

提高个人的职业能力，离不开特定的工作实践，只有在实践中不断发展进步，我们的职业生涯发展才会更加稳固。在这里，有这样几个方法可供借鉴。

（一）系统而高效的工作方法

1. 做正确的事

对于职业者而言，有时很难知道正确的职业道路是什么，但是要尽可能地避免自己走上错误的道路。这对所有人都有重要的意义。

美国商业大王卡耐基说："保证效率是在正确的方向上正确做事，选对了道路并按照正确的方法做事更容易让事情出效果。"对于一件事而言，效率和效能是不能一概而论的。在做事时，如果效率和效能无法兼顾，我们首先考虑的应是效能，然后考虑提高效率。

比正确地做事更重要的是做正确的事。对于职业者而言，这不仅仅是一项重要的方法论，更是一种提高职业能力的重要方法。对于任何企业和个体而言，做"正确的事"比"正确地做事"更重要。

2. 树立目标

约翰·戈达德在 15 岁时，就将自己一生要做的事情罗列出了清单，而他也将自己这份清单称为"生命清单"。在这份清单中，他给自己的一生划定了 127 件要完成的事情，且每一件事都有具体的目标。例如，探索尼罗河、攀登珠穆朗玛峰、出版一本自己的著作等。40 年后，他以极大的勇气和毅力克服了人生中的种种磨难，终于按照自己罗列的清单计划完成了 106 件事，而他也成为享誉美国影坛的著名制片人。因此，每个人都要树立自己的奋斗目标，并逐步将其实现，这样才能走向成功。

3. 二八法则

在人生中，很多事情会受到各种因素的影响，而真正影响工作效果的是"二八法则"中那 20% 的细节。在处理问题时，具有智慧的人善于把握住其中 20% 的细节，而缺乏智慧的人就很难把握 20% 的关键环节。因此，做一项工作，关键是把握住其中 20% 的关键环节。

很多职业者在完成工作任务时，总是想方设法更快速地完成任务，但实际的工作效果并不理想，并没有达到预想目标。因此，要想高效地完成工作任务就要把握其中的关键环节，根据事物的发展变化情况进行科学统计、合理分析。

4. 借助他人的能力

借助他人的能力有以下三层含义。

（1）学会与他人合作。在社会发展过程中，个人具有的知识能力、素质、时间、精力是有限的，一个人不可能完成所有的事，必须组建团队，依靠团队成员的知识、技能、能力帮助自己完成工作。

（2）学会合理利用资源。企业若想得到创新，必须具备有才能的职业者，这些有才能的职业者也要学会合理利用资源，利用现有的资源进行创新，并将现有的成果为我所用，学会总结经验，找到创新路径。

（3）向他人学习。每个人在工作中都有着自己的闪光点，职业者若想获得进步必须向他人学习，与同事多沟通交流，多听取他们的建议，工作效率才能得到提升。

5. 学会总结

人在社会工作生活中难免会遭遇各种各样的失败，无论失败带来的是什么，但是失败的原因只有一个：没有吸取失败的经验教训。无论是职业者还是创业者，做任何事都要学会总结，积极吸取经验教训。聪明人能够从失败中吸取教训，总结经验，所以他们才能够成功。

（二）培养高度执行力

1. 执行力对职业发展的重要性

如果不动手去做，谁也不能做好本以为可以做好的事情。一些大学生之所以缺乏竞争力，并不是他们不知道如何做，而是缺乏脚踏实地、即知即行的执行力。

执行力是从规划到结果的推进器，执行力往往决定最终的成败。许多大学生总在考完试后抱着一堆只草草翻过的参考资料追悔莫及，其实只要集中精力研究其中的一本，成绩就会有惊人的进步。在瞬息万变的社会环境中，职业者需要具备高度的执行力。执行力是成功的基石，职业者只有具备了高度的执行力，才有迈向成功的方法。

2. 执行力提升的途径和方法

（1）积极主动，自觉自发。积极主动地做好工作，承担起自己的职责，这是成功者和普通人最大的区别。

职业者具有的执行力不仅是自己的意愿，更是一种高度自觉自发的意识。自觉自发并不是说说而已，而是要充分发挥个人的主观能动性，在接受工作任务之后尽全力去做好并高效率地完成。大学生要明白，自觉自发可以帮助人们消除挫折带来的负面情绪，树立积极乐观的人生态度。

自觉自发还要求职业者不能拖延。拖延是一种不好的习惯，不仅消耗人的能量，还会阻碍潜能发挥。经常处于拖延状态的人，会陷入一种低效率的困境，并且长此以往形成恶性循环，越是处于低效率越容易产生情绪困扰，而越来越严重的情绪困扰会导致更严重的拖延问题。因此，拖延会使人的意志薄弱。

（2）停止抱怨，不找借口。抱怨会降低自己的执行力。无论在什么工作岗位，从事何种工作，都要始终记住自己的责任并对自己的工作负责。要围绕已经确定的目标，脚踏实地地执行，每天对自己多一些敦促，使自己高质量地完成任务。

（3）加强沟通，执行到位。科学研究表明，有70%的执行不到位是沟通不力造成的。因此，在学习和工作中，大学生要看到他人身上的优点，也要善意提醒他人的不足，学会与他人加强沟通，实现共同进步。

沟通能让人们具有高度的执行力。通过沟通能及时发现执行过程中的不足，发现解决问题的方法，保障各项措施有效落实。

（4）不断学习，追求进步：现代大学生应具备高度的学习能力、思维能力、创新能力，并在学习和实践中不断优化自己的能力结构。学习能力是提高其他两方面能力的前提，如果不能掌握学习的关键方法，那么其他两方面能力也不可能提高。

（三）构建良好的人际关系

1. 大学生的人际关系意识

麻省理工学院的一份研究报告指出："一个人一生拥有的财富有12.5%来自他所掌握的知识，87.5%来自他拥有的社会关系。"美国华尔街有一句名言："如果你想取得成功，请认识比你优秀的人。"

当前，大学生需要具备良好的人际关系意识。良好的人际关系是重要的社会资源，大学生应该提早具备人际关系意识，为自己未来的发展奠定良好基础。

2. 人际关系规划与管理

人际关系规划与管理可以参照以下几点建议。

（1）努力充实自己：真正能让自己取得成功的，并不是自己财富的多少，而在于自己能够不断地充实自己，尤其是在自己的专业兴趣上能获得足够的发展空间，不断积累自己的实力。

（2）注意人际关系的深度、广度和关联度：人际关系的深度是指人际关系纵向延伸的情况，即自己的人际关系达到了怎样的级别；人际关系的广度是人际关系的横向延伸情况，即自己人际关系的覆盖范围有多大；人际关系的关联程度是指人际关系与个人从事社会行业的相关性。如果希望未来能获得成功，就要保证自己的人际关系具有广度、深度和关联度，可以通过周围的朋友去拓展人际关系，也可以通过自己的努力结交更多优秀的人。

3. 经营自己的人际关系

在经营自己的人际关系时，大学生需要遵循以下几个原则。

（1）诚实守信原则。信任，是人与人之间交往的基础。在经营人际关系过程中，要切实履行诚实守信的原则。马克思说："朋友友谊之花的盛开需要忠诚去播种，热情去灌溉，原则去培养，谅解去护理。"

双方诚实守信所带来的心理作用是积极的，人际关系的一个重要前提是能相互吸引，而这种吸引很重要的一点是建立在双方都认可和接受的心理安全线上。因此，在工作和生活中，向朋友承诺的事情就要尽全力做到，不能因为细节影响大局，更不可使自己名誉受损。

（2）分享原则。越是懂得分享的人获得的资源越多，分享带来的机遇也就会更多。分享是构建良好人际关系的最佳方式。在生活中，我们与他人相互分享，那么每个人就会拥有更多。

（3）坚持原则。在快速经营和开发人际关系的过程中，很多人失去了耐心和勇气，主要表现为经营人际关系时三天打鱼，两天晒网；或者在遭到拒绝后，失去了继续经营人际关系的勇气。

事实上，生活中人际关系的积累很大程度上源于自己在经营上的不懈坚持。

（四）职场关系沟通能力的提升

1. 正确对待上司

（1）坦诚相待。每个人都会从不同的角度考虑工作过程中出现的问题，每个人处理问题的方式也是有差异的。例如，一些人对于上司做出的一些决定是有看法的，心理上可能会存在不一致的意见，甚至变为满腹的牢骚。在这种情况下，不能将自己的情绪到处宣泄。解决这个问题的最好方法就是能够根据上司的性格，选择上司能接受的方法与其沟通。当上司能感受到你的尊重和信任时，不仅能增加对你的好感，还能更加信任你，这比直接进行情感宣泄要有效得多。

（2）先尊重，后磨合。上司之所以能做到现在的职位，其自身总有一些过人之处，这些过人之处可能是丰富的工作经验，也可能是为人处世的策略，而这是值得我们学习的。不过，每一个上司或多或少会有一些缺点。应该注意的是，给上司提建议只是工作内容的一部分，尽量推动工作往好的方向发展才是最终目的。最关键的是要与上司不断磨合，在提出建议之前，要能拿出足以说服上司的材料和方案，让他心悦诚服地接受你的观点。

2. 正确对待同事

（1）多些理解。长期与同事处于相同的工作环境，我们会对同事的兴趣爱好和生活状态有所了解。作为同事，我们没有权力强行要求别人为自己效力。当发生矛盾和误解时，一定要学会站在对方的立场上思考，想象一下同事的处境，不能带着情绪与同事解决问题，即使了解同事的一些隐私，也不能说出来，要学会尊重同事。任何在背后诋毁他人的人，都会贬低自己在他人心中的形象，受到他人的抵触。

（2）为人慷慨大度。很多人在工作中不能与同事保持良好的人际关系，很大程度在于他们过于注重自己的利益，总是希望从同事身上获得种种"好处"，而这些行为总会在不经意间伤害同事的感情，时间一长会引起同事的反感，很难得到大家的信任，最后使自己孤立无援。

事实上，工作中的一些"好处"不一定能给自己带来多少好处，反而会使自己身心疲惫，同事之间的关系也会紧张，这对我们而言是得不偿失的。如果在那些细小的而不涉及自己原则的事情上向同事多一分谦让，这不仅能获得同事的好感，也会取得同事的信任，能给自己带来更多回报。

（3）处事乐观幽默。无论从事何种工作，遇到困难时都不能灰心丧气，而是要保持乐观的态度。乐观幽默可以营造出一种良好的人际氛围，使自己和同事身心愉悦，消除工作中的负面情绪，更能增添自己的人格魅力。

3. 正确对待客户

（1）体谅客户。在与客户谈论合作和项目时，若客户遇到困难，一定要学会体谅客户，不能让客户为难。当你的善良引起他人好感时，他人也更愿意与你合作。

（2）替客户着想。在与客户合作过程中，一定要寻求双赢，不能把对客户效用不大的产品向其进行销售，也不能让客户多花冤枉钱，还要尽量减少不必要的开支，帮助客户节省投入。

（3）尊重客户。每个人都需要被尊重，每个客户也需要被认同。当客户给予自己合作机会时，一定要对客户心怀感激，并向其表达出你的谢意。当客户在合作过程中出现错误时，要表现出自己的宽容，而不能对客户一味责备，可通过共同研究找到解决问题的方法。

（4）信守原则。一个充分信守原则的人，往往能得到客户的信任。他们会相信你推荐的产品，并放心地与你合作和交往。

（5）给予客户优惠。所有的工作都完成了以后，与客户的合作也将告一段落，但项目合作的完成并不意味面向客户提供服务的结束。旧项目合作的结束意味着新项目合作的开始。在项目合作结束后，要及时给客户一些优惠政策，寻找新的合作机会。

（6）以让步换取客户认同。在与客户沟通过程中，不能从言语或神态上步步紧逼，而要逐步让客户认识新产品，引导客户接受新服务。在获得一定利润的前提下，如果能很好地运用销售中的让步策略，那么客户和你都能实现双赢，这样更有利于长期销售目标的实现。

4. 正确对待竞争对手

在我们的工作和生活中存在着竞争对手。许多人对竞争对手四处设防，更有甚者会算计竞争对手。这种极端的行为会加深对方与自己之间的隔阂，对于营造良好的竞争氛围是不利的。其实，每个人都有闪光点。当你超越竞争对手时，不能藐视他们，因为他们也在寻求进步；不能故意抹黑竞争对手，无论竞争对手使你如何难堪都不能与他发生冲突，而是要保持微笑，做好自己的本职工作。只有当你出色地完成工作任务并获得大家的认可时，竞争对手才能心悦诚服。

（五）提升演讲能力

演讲的主要方式是公众演讲，即在公共场合面向公众演讲，阐述自己的想法和观点。公众演讲较为简单，但是真正能够面向公众收放自如，或者能让公众感受到激情澎湃的氛围则比较困难。

演讲既能表现出一个人的魅力，也能表现出一个人言辞具备的感染力。演讲除了要"讲"，最重要的部分在于"演"，即通过肢体语言将演讲者的思想观点表达出来。演讲者的声音要具有感染力，能有效运用面部表情、手势动作和其他肢体语言增强说服力，从而构建一种特殊的艺术魅力。

1. 演讲的方式

（1）宣读演讲。宣读演讲是演讲者在演讲前打好草稿，按照草稿的内容进行宣读。宣读演讲适用于一些较为重要的会议或决定。宣读演讲的优势是能够在演讲前充分准备，但需要演讲者加强与听众的互动。

（2）背诵演讲。背诵演讲是指演讲者将演讲稿的内容背诵下来，在演讲时要完全凭借记忆背诵出来。背诵演讲适用于经验不足的演讲者，可避免其在演讲过程中出现心理失控或者"卡壳"。背诵演讲需要演讲者应对自如，能与听众充分互动。

（3）提纲式演讲。提纲式演讲是演讲者在充分搜集相关资料的基础上，列出演讲提纲，并按照演讲提纲进行演讲。提纲式演讲的优点：突出中心思想，层次清晰，逻辑清楚，对演讲的主要内容也有所侧重；演讲者不用将所有内容背诵下来，而是能够以提纲的方式记忆；能与听众产生情感上的共鸣。

（4）即兴演讲。即兴演讲是指演讲者事先没有准备，围绕个人兴趣和感想所开展的临时性的演讲。即兴演讲难度较大，需要演讲者具备丰富的经验和娴熟的演讲技巧。通常情况下，演讲者通过即兴发挥不一定能使演讲紧扣主题，但只需做到演讲内容得体，话语妙趣横生，观点精确表达即可。

2. 演讲的技巧

演讲是通过"讲"的方式将一些内容分享给听众，对演讲者而言，能把演讲词写得好并不意味讲得好。演讲需要演讲者具备良好的口才，能将演讲的内容向听众鲜活地表现出来。真正的演讲家，既能写好演讲词，又能将演讲的内容表达出来，既有文采，又有口才。

大学生要想成为成功的演讲者，需要学习相关的演讲技巧。

（1）演讲时的姿势。演讲者在演讲时的姿势能带给听众不同的感受。演讲者在演讲时高度紧张可能会造成姿势僵硬，从而导致说话结巴。演讲者可以保持轻松的姿势，通过让身体放松，消除高度紧张的情绪。

（2）演讲时的视线。并非每个听众都能对演讲者抱有善意，尽管如此，在演讲过程中也不能忽视听众的目光。尤其是演讲者在使用麦克风讲话的那一瞬间，来自不同听众的目光可能会让演讲者感觉不自然。演讲者要将自己的视线投向肯定自己的人，这样可以巩固信心，提高演讲效果。

（3）演讲时的面部表情。演讲者的面部表情会给听众留下深刻印象。演讲者在演讲时要抬头挺胸，不能将紧张的情绪表现出来。演讲者控制面部表情的方法是放慢说话的语速。演讲者的语速一旦能放慢，就能保持稳定的情绪，面部表情也能放松，身心都能处于放松的状态。

（4）演讲时的声音和腔调。演讲者在演讲时要控制好自己的声音和腔调，必须做到发音正确，保持正常的语速，语调也要给听众亲近的感觉，能最大限度地引发听众的共鸣。

在演讲过程中，演讲者要能清晰地吐字发音，学会合理运气。掌握科学的运气技巧对于演讲者科学发音是极为有利的，通过运气发音的方法能使声音更加洪亮。这需要演讲者在日常生活中加强训练，掌握胸腹联合呼吸法，使演讲更有魅力。

（5）演讲时说话的速度。为了营造良好的氛围，演讲者在说话时保持正常的语速是极为重要的，标准语速是 100 ～ 200 字 / 分钟，不能过快或过慢否则会引起听众的厌倦。

3. 培养演讲能力

并非每个人都具有演讲天赋。演讲能力需要个人通过长时间的训练获得。以下几种方法可以提升演讲者的演讲能力。

（1）模仿或复制。演讲者可以找一个学习对象，模仿其演讲并从其演讲的过程中获得启发，这样能让自己更快进步。在模仿他人的过程中，演讲者要积极寻求经验，并获得启示，打造出属于自己的演讲风格。

（2）乐于分享。在日常生活中，演讲者要阅读一些优秀的书籍，或者聆听一些经典的演讲，把自己学习的心得和体会分享给身边的人，这样既可以提高自己的表达能力，又能扩大自己的眼界。对于演讲者而言，他们需要通过不断练习实现自己在演讲中的蜕变，只有这样才能使自己的演讲更加鼓舞人心。

（3）学会总结。对于经常面向听众的演讲者而言，需要不断在演讲中总结自己的经验。大学生在学习演讲的过程中，可以将自己在生活中遇到的人和事总结出来，写成日记或总结成文章，借此不断提高自己的演讲水平。

（4）主动和参与。若想在演讲方面得到更为深入的锻炼，演讲者可以通过参加一些社会活动提高自己的演讲能力。学校中有很多这样的活动，如培训会、演讲会、沙龙活动等。经常和陌生人沟通交流，也能锻炼自己的演讲能力。

（六）商务谈判技巧的提升

商务谈判是指不同经济实体为满足自身经济利益和对方需求而开展的沟通工作，一般通过妥协、合作、协商等方式开展。一般情况下，收购某家企业或签订订单合同都属于商务谈判的范畴。

商务谈判有三个基本特征：以经济利益为谈判目标；以经济利益作为双方合作的重要指标；以价格作为双方谈判的核心。

1. 商务谈判三部曲

商务谈判三部曲是指商务谈判的三个重要步骤：申明价值、创造价值、克服障碍。

（1）申明价值。申明价值在商务谈判中起着重要作用，也是商务谈判的初级阶段。申明价值最主要的目的是沟通双方彼此的利益需求，申明能够满足对方需要的方法及优势。同时，厘清对方真正的需求。因此，该阶段的主要方法是通过向对方提出问题，探寻对方的实际需求；与此同时，也要根据实际情况向对方申明我方的利益需求，探寻双方真正的利益点。只有在厘清双方真正的利益需求后，我方才能找到合理的方式满足对方的需求；同时让对方明确我方的利益所在，这样才能保持双方在彼此平等的条件下深入合作。

（2）创造价值。创造价值的主要目标是促进双方的沟通，使双方明确各自的利益所在，深入了解彼此的实际需求。但是，双方并不一定能实现利益最大化。也就是说，在商务谈判中，双方不一定能达成有效平衡。即使达成了某种平衡，协议也不是最佳的合作方式。因此，双方可以在合作中寻求最优质的合作方案，以实现双方的利益最大化，这样才能创造出最大的价值。创造价值是商务谈判中最容易忽略的阶段。

（3）克服障碍。克服障碍是商务谈判的重要阶段，也是最终阶段。商务谈判中存在两种障碍：一是谈判中双方的利益冲突；二是谈判者在决策程序上存在的问题。前一种障碍需要双方按照公平、合理、客观的原则进行磋商，并有效协调双方的利益关系；后一种障碍需要在谈判中一方主动帮助另一方解决。

2. 商务谈判实用策略

商务谈判是销售工作的重要组织环节，如果谈判者能掌握一些巧妙的谈判技巧，就可能在谈判中占据主动权，为后期双方合作奠定基础。

（1）将心比心。商务谈判最忌讳的是从己方观点出发，漫天要价。在谈判时，要真诚相待，能为对方着想，能考虑对方的实际需求，做到将心比心，最好能获得双赢。如果谈判过程中双方充满了火药味，谁都不肯退让，这样很难在谈判中取得实际效果。

（2）突出优势。当对对方的观点和立场有了初步的认识后，要将自己在谈判中占有的优势和劣势与对方存在的优势和劣势进行对比，尤其是要明确己方具有的优势，不论存在什么问题，双方都应真诚对待，并且要明确己方的优势能满足对方什么样的需求，既要避免仓促迎敌，又要做到有备无患。

（3）模拟演习。模拟演习是商务谈判的重要准备环节，对于一些重要问题要做好事先演练，也就是模拟商务谈判中可能出现的各种问题，做好相关的预案准备，以免在遇到实际问题时过于慌乱，难以掌控全局。在了解各方的优势和劣势之后，也要预先设想出可能出现的各种问题，并做好相关的计划。

（4）厘清底线。通常在商务谈判中，双方都带有一定的攻击性。双方能想到的都是己方能获得多少，往往忽视了己方要付出多少。因此，在商务谈判之前，要明确各方的底线：能够让什么？要让多少？何时让？怎么让？对于这些问题要做到心中有数，否则，当对方咄咄逼人时，己方会显得束手无策，可能会被对方宰割，丧失谈判的资本。

（5）了解对手。知己知彼，方能百战不殆。在商务谈判前，要对对方有充分的了解，能预估对方在谈判中可能运用的谈判策略，尤其是要了解对方的喜好，这对商务谈判有重要的作用。例如，谈判对手喜欢打篮球，可以在商务谈判前提及对方的这个爱好，这能在谈判中带来很大的帮助。同时，引用一些幽默的开场语能够营造轻松愉悦的氛围，这样有利于达成谈判的目标。

（6）要有耐心。商务谈判中最重要的一点是戒骄戒躁，尤其是在谈判陷入僵局时，要循序渐进，缓缓图谋。商务谈判可能需要"打持久战"，谈判时间越长，越要耐得住性子，切不可赌一时之气，忽略了长远之计。因此，在谈判前要做好心理练习，要有充足的耐心接受挑战。

（7）随机应变。谈判中随时可能发生意外情况，这就要求谈判者具备良好的随机应变的能力。在商务谈判之前计划得再周密，部署得再详细，也有可能出现突发情况，当超出预期设定的情况时，一定要随机应变。

（8）埋下契机。经过谈判，如果不能达到双方都较为满意的程度，或者在谈判快要破裂时，双方可以互通有无，为下次商务谈判创造契机。

3.商务谈判礼仪

（1）谈判准备。在商务谈判之前，首先要确定谈判代表，己方谈判代表的身份要与对方谈判代表的身份职务相当。谈判代表要有良好的综合素质，在谈判之前要整理好自己的仪容仪表，穿着要正式，外观要得体，能给人一种视觉上的舒适。男士应该将胡须清理干净，穿着西装并系好领带，女士穿着要得体，要化淡妆。

其次要布置好谈判会场，采用长方形或椭圆形的谈判桌，会场门右手座位或对面座位应该让给对方，表现出对对方的尊重。

在谈判之前要确定好谈判的主题，设置好谈判的主要内容，制订好谈判的计划，确定好谈判的目标及可能运用的谈判策略。

（2）谈判之初。在谈判之初，给对方留下良好的印象十分重要，要尽可能营造出友好轻松的谈判氛围。在向对方进行自我介绍时，不能太过高傲。当被介绍到时，要起身并微笑致意，礼貌地向对方说"幸会""请多关照"之类的话语。询问对方时要客气，如"请问怎么称呼您"。如果对方向自己递名片，要双手接过来。向对方介绍完毕之后，可选择双方共同感兴趣的话题进行交谈，也可稍作寒暄，营造出良好的交谈氛围。

在谈判中，肢体语言的运用对营造谈判的氛围有重要的作用。当你注视对方时，目光应停留在对方眼部至额头中间的三角区域，要让对方感到被关注，感受到你的诚意。要保持手势的自然，但不能随便打手势，以免让对方认为你十分随意。

谈判之初的一项重要任务是要厘清对方的底线，因此要认真倾听对方说的话，细心观察对方的举止和表情，在关键时刻要给予回答，这样可以了解对方的意图，也能表现出对对方的尊重与礼貌。

（3）谈判之中。谈判之中是谈判的重要阶段，主要涉及的步骤是报价、查询、磋商、解决矛盾、处理冷场。

①报价。首先要明确价格，保持良好的诚信，不欺瞒对方。在谈判中，双方针对报价进行商讨，若对方接受了价格就不要再更改。

②查询。要事先做好相关问题的查询工作，要在气氛融洽时将问题抛出。要保持真诚的态度，不能使气氛紧张，言辞不能过于激烈或对对方追问不休，以免引发对方反感。

③磋商。磋商是双方商讨合作细节的过程。在这个过程中，双方要保持良好的风度，心平气和，尽量避免双方冷场或陷入谈判尴尬的境地。

④解决矛盾。解决矛盾要就事论事，不能因为双方存在矛盾就怒气冲冲，甚至进行人身攻击。

⑤处理冷场。此时双方对于一些问题应该灵活处理，可以暂时转移话题，避免冷场。如果双方都无话可说，那么谈判已经陷入僵局，就要暂时中止谈判，稍作休息后再重新谈判。

（4）谈后签约。在谈判后的签约上，双方主要谈判人员都要到场，并共同进入会场，互相致意和握手，可以选择一起入座。如果双方都有助签人员，那么应该各自站立在本方代表的外侧，其余人员自动排列站在己方代表身后。

助签人员要帮助签字代表打开签约文件，用手指指明签字的地方，然后双方助签人员互换文件，各方代表在文件上签字。

签字完成以后，双方代表要共同起立将文本互换，并相互握手，祝贺合作成功，其他随行人员也应以掌声表示祝贺。

参考文献

[1]曹颖. 大学生职业规划与就业创业教育[M]. 哈尔滨: 东北林业大学出版社，2024.

[2]赵明. 大学生职业规划与就业素质提升研究[M]. 长春: 吉林大学出版社，2024.

[3]秦霄. 大学生职业生涯规划[M]. 西安: 西北工业大学出版社，2024.

[4]徐磊. 大学生职业生涯规划[M]. 哈尔滨: 哈尔滨工程大学出版社，2024.

[5]冉景亮. 大学生职业生涯规划与就业指导[M]. 重庆: 重庆大学出版社，2024.

[6]李子江. 大学生职业生涯规划与就业指导[M]. 济南: 山东人民出版社，2024.

[7]宋俊骥. 大学生职业生涯发展规划[M]. 北京: 北京理工大学出版社，2024.

[8]苏婵娟. 大学生入学教育与职业生涯规划[M]. 北京: 文化发展出版社，2024.

[9]李华炜. 大学生职业生涯规划与就业指导[M]. 哈尔滨: 哈尔滨工程大学出版社，2024.

[10]相菲. 大学生职业生涯规划与就业指导[M]. 北京: 线装书局，2024.

[11]贺维. 大学生职业生涯规划发展研究[M]. 北京: 中国商业出版社，2024.

[12]杨小高. 大学生职业生涯发展与规划[M]. 北京: 中国纺织出版社有限公司，2024.

[13]时剑峰. 新编大学生职业生涯规划[M]. 上海: 上海交通大学出版社，2024.

[14]甘海燕. 大学生职业生涯规划与就业指导研究[M]. 北京: 文化发展出版社，2024.

[15]刘耀玺. 大学生职业生涯规划与创新创业教程[M]. 北京: 文化发展出版社，2024.

[16]鄢万春. 新时代大学生职业生涯规划与就业指导[M]. 成都: 西南交通大学出版社，2024.

[17]周基燕. 大学生职业生涯规划与就业创业指导实用教程[M]. 合肥: 安徽大学出版社，
    2024.

[18]周长胜. 新时代大学生创新能力开发与职业规划研究[M]. 北京: 中国商业出版社，
    2024.

[19]刘岩. 当代大学生职业生涯规划与管理研究[M]. 天津: 天津科学技术出版社，2024.

[20]李宏. 大学生职业生涯教育选辑[M]. 北京: 新华出版社，2024.

[21]肖怀宇. 大学生生涯发展规划[M]. 北京: 中国传媒大学出版社，2024.

[22]秦琦. 高校大学生职业规划与就业能力提升[M]. 北京: 中国商业出版社，2023.

[23]马琳. 大学生职业生涯规划[M]. 北京: 北京理工大学出版社，2023.

[24]曹海英. 大学生职业生涯规划[M]. 上海: 上海交通大学出版社, 2023.

[25]徐良仁. 大学生职业生涯规划[M]. 北京: 北京理工大学出版社, 2023.

[26]高亮. 大学生职业生涯规划[M]. 北京: 北京理工大学出版社, 2023.